OBRIGADO PELA INFORMAÇÃO QUE VOCÊ ***NÃO*** ME DEU!

NORMANN KESTENBAUM

OBRIGADO PELA INFORMAÇÃO QUE VOCÊ *NÃO* ME DEU!

ELSEVIER

CAMPUS

Copidesque: Carolina Godoi da Costa
Editoração Eletrônica: Estúdio Castellani
Revisão Gráfica: Elisabeth Cordeiro de Mello

Projeto Gráfico
Elsevier Editora Ltda.
A Qualidade da Informação.
Rua Sete de Setembro, 111 – 16º andar
20050-006 Rio de Janeiro RJ Brasil
Telefone: (21) 3970-9300 FAX: (21) 2507-1991
E-mail: *info@elsevier.com.br*
Escritório São Paulo:
Rua Quintana, 753/8º andar
04569-011 Brooklin São Paulo SP
Tel.: (11) 5105-8555

ISBN 978-85-352-2732-1

Nota: Muito zelo e técnica foram empregados na edição desta obra. No entanto, podem ocorrer erros de digitação, impressão ou dúvida conceitual. Em qualquer das hipóteses, solicitamos a comunicação à nossa Central de Atendimento, para que possamos esclarecer ou encaminhar a questão.

Nem a editora nem o autor assumem qualquer responsabilidade por eventuais danos ou perdas a pessoas ou bens, originados do uso desta publicação.

Central de atendimento
Tel.: 0800-265340
Rua Sete de Setembro, 111, 16º andar – Centro – Rio de Janeiro
e-mail: info@elsevier.com.br
site: www.campus.com.br

CIP-Brasil. Catalogação-na-fonte.
Sindicato Nacional dos Editores de Livros, RJ

K52o Kestenbaum, Normann

Obrigado pela informação que você não me deu! / Normann Kesterbaum. – Rio de Janeiro : Elsevier, 2008.
il.

Inclui bibliografia
ISBN 978-85-352-2732-1

1. Comunicação empresarial. 2. Comunicação na administração. 3. Objetividade. 4. Gestão do conhecimento. 5. Comportamento organizacional. I. Título.

07-3249 CDD: 658.45
CDU: 658.45

Aos meus únicos:
Binha, Paula, Chris e Fábio.

Prefácio

Quando acabei de ler este livro, a primeira coisa que pensei foi – por que o Normann não escreveu o livro antes?

Conheci o Normann às vésperas de um dos mais importantes desafios profissionais que já enfrentei. Dentre as diversas ações gerenciais às quais estava responsável uma era crucial: apresentar de forma clara, simples e crível a essência de um complexo processo de reestruturação financeira. Suas causas, conseqüências e soluções precisavam ser expostas com qualidade a diversos públicos, a começar pelos credores. Uma empresa com mais de 80 anos de vida precisava garantir naquele dia, naquela hora, naquele instante, atenção e entendimento da sua história, suas idéias e seus valores. Numa palavra: confiança.

É impressionante como a qualidade da informação e a clareza de raciocínio fazem a diferença entre a vida e a morte de um negócio. Ou de uma idéia. Ou de uma proposta à diretoria ou de uma recomendação ao Conselho de Administração. Este livro cuida disso.

Aprendi que na vida o que não tem cura a gente cuida. E que falta de tempo, de atenção e de foco é uma doença incurável em muitas organizações. Por isso o bom gestor deve cuidar destes sintomas. Este livro ajuda você a tratar este fenômeno. E, ressalte-se, sem reinventar a roda. Não tem uma fórmula mágica. O livro é escrito em português, não em *bullshitol.* Não se fala em quebra de paradigmas, não há palavreado vazio ou redundante. Ao contrário, este livro traz de volta o bom e velho bom senso.

Para começar, ele coloca o *powerpoint* em seu devido lugar – trata-se apenas de um mero veículo para transportar idéias. Uma espécie de táxi, e o táxi nem é especial.

Sim, e todas aquelas vinhetas bonitinhas entre um slide e outro – justificadas como sendo "cerejinhas no bolo" – acabam de perder o emprego. Alguém compra um bolo por causa da cerejinha?

Em seu lugar, Normann propõe conteúdo de qualidade e um raciocínio claro e conciso. Isto sim, tem valor no mercado das idéias. Em especial no mundo corporativo onde o tempo é tão escasso, que quem decide, já obeso de tanta informação, talvez esteja com sua atenção noutro lugar, noutro assunto, noutra idéia mais relevante que a sua, pois assim ela foi percebida.

É a competição oculta que enfrentamos todos os dias: tornar nosso sonho relevante para o sonho do outro, ganhando sua atenção e prioridade. Assim nosso desejo terá mais chance de virar realidade. Por isso, modelos de gestão competitivos privilegiam as competências complementares e o compartilhamento do propósito e dos valores da organização. Privilegiam a troca de idéias e a soma de ideais. Afinal, não se faz mais futuro como antigamente, pois vivemos o mundo do "E" não mais do "OU". O que pressupõe dedicar tempo, atenção e foco à escolha das melhores idéias, especialmente as idéias mais inovadoras e portanto mais arriscadas.

Normann define assim – "uma apresentação é um exercício organizado de sustentação de uma proposta colocada logo nos primeiros momentos". E alerta – "a qualidade da estruturação e expressão das nossas propostas de valor será o grande diferencial competitivo da atualidade". Alguma pergunta?

Sim, Normann faz várias, e o melhor, dá as respostas. Quais são os erros mais frequentes na apresentação de uma idéia? As melhores apresentações são as curtas ou as longas? O que não se deve fazer nunca? O que se deve fazer sempre? Normann dá todas as dicas, com exemplos práticos, contando erros e acertos colecionados durante décadas na estruturação de raciocínios, na fonnulação da lógica de conteúdos e na conseqüente exposição das idéias em grandes corporações no Brasil e ao redor do mundo, nas mais diversas situações corporativas."

Devo dizer que assisti a muitas e muitas reuniões iguais às descritas pelo Normann, onde você vê uma idéia trotando alegremente em direção ao brejo, e o que é pior, sem ninguém perceber.

É óbvio que ninguém se transforma instantaneamente num executor infalível lendo este livro, mas o processo de raciocínio oferecido por ele ajuda enormemente a melhorar a qualidade da tomada de decisão, provocando um melhor discernimento sobre o assunto.

Você pode encarar este livro como uma equipe avançada de detecção e destruição de minas terrestres, limpando o terreno para a passagem segura da infantaria. Se você quer ser um gestor, leia este livro. Se você já é um gestor leia este livro. Se você acha que já sabe tudo, não leia este livro. Mas cuidado com as minas terrestres. Sobretudo quando a diretoria lhe conceder apenas 20 minutos para convencê-la a investir 20 milhões na sua idéia. E precisa mais tempo? Quem ler este livro vai descobrir que não.

Paulo C. Novis

Sumário

Introdução

A história deste livro remete a 1995, quando eu dava consultoria para grandes empresas. Naquele ano, junto com dois companheiros, fui aos Estados Unidos apresentar planos de uma empresa a 3 CEOs de grandes companhias americanas. Nos três encontros houve algo em comum: pouquíssimo tempo para explicar quem éramos, porque estávamos lá e, sobretudo, convencê-los da parceria interessante que estávamos propondo.

O ponto de partida eram pilhas e pilhas de papéis resultantes de nossa pesquisa de meses no Brasil sobre o tema. Por instinto, trabalhei arduamente para ser sucinto nas apresentações agendadas, e a reação dos três interlocutores foi de surpresa e agradecimento pela objetividade e rapidez do encontro. Sempre digo que se apenas um dos CEOs tivesse tido essa reação, eu não teria dado muito peso ao assunto, mas ela foi uníssona. Percebi que havia algo a ser aprendido e explorado daquela experiência, mas ainda não conseguia imaginar com precisão todo o potencial que aquilo poderia me proporcionar. Entretanto, a semente do que passaria a ser minha atividade nos anos seguintes acabava de ser plantada.

Mais de dez anos se passaram, e desde então me especializei em comunicação empresarial com foco em comunicações corporativas voltadas para decisões e resultados, o que me levou a conviver profissionalmente com os dirigentes de algumas das maiores empresas brasileiras e multinacionais operando no Brasil. E a razão é uma só: a busca obsessiva por concisão e objetividade na comunicação corporativa que se desenvolveu a partir daquela semente lá atrás. O que mudou de 1995 para cá, entretanto, foi a metodologia para chegar a esse refino de idéias, que evoluiu substancialmente no aprendizado desses anos, e os princípios norteadores da atividade. E é justamente isso que quero dividir com você leitor.

Isso estabelece uma linha de conduta fundamental para este livro: não se trata de uma teoria a ser compartilhada. Parece-me que uma teoria induz terceiros a agirem de determinada forma (confesso que ver este livro classificado como auto-ajuda, motivação ou qualquer coisa parecida me deixaria profundamente decepcionado). Compartilhar conhecimento é diferente: significa relatar o que vivenciamos, adicionar nossa interpretação, sustentar solidamente esta interpretação e deixar que cada um decida individualmente seu alinhamento com o que está sendo exposto e formas de aplicação em seu ambiente pessoal e de negócios.

Esse esclarecimento faz parte da abertura padrão das minhas palestras e workshops, e faço questão de mantê-la para este livro. O fato de a Comunicação não ser uma ciência exata como Matemática e Física reforça esse posicionamento; afinal, quando não há exatidão, não se pode afirmar certo ou errado, cabe a cada um optar por agir como melhor lhe convier.

Todo autor, ao término de sua obra, sempre faz agradecimentos, e nisso não serei diferente. Agradeço sinceramente a todos aqueles que me forneceram o conteúdo de tudo que relatarei: os clientes de minha empresa. Foi por meio de meu relacionamento com esses interlocutores vividos, inteligentes e preparados que estabeleci meus melhores diferenciais competitivos, e com quem pude realizar um aprendizado constante no exercício da minha atividade. E devo a eles o orgulho que tenho de, aos 56 anos, sentir-me profundamente atualizado em múltiplas atividades. E o melhor é saber que esse processo é dinâmico, não cessa nunca.

Meu trabalho jamais consistiu em dizer a esses fantásticos interlocutores o que deveriam expor. Afinal, não sou um fornecedor de conteúdo. Minha especialidade está em ouvir, perguntar e extrair o conhecimento desses executivos, e depois organizar todo o material apoiado em dados e informações que sustentem com clareza suas exposições. E, principalmente, assegurar que a apresentação deles atraia a atenção das audiências visadas de forma a ajudá-las a compreenderem e absorverem exatamente a informação que eles desejam transmitir.

Com meus clientes e audiências, aprendi que relevância, concisão e simplicidade são fatores obrigatórios para quem almeja sucesso em comunicação. Por isso a proposta deste livro é, em primeiro lugar, levar o leitor a entender e reconhecer o contexto da Comunicação nos dias de hoje, nos quais o ato de se comunicar torna-se cada vez mais desafiador, pois enfrentamos audiências quase sempre saturadas, impacientes e com déficit de atenção. E para piorar o quadro, temos cada vez menos tempo para preparar nossa exposição e menos minutos para expor nossas idéias.

Passamos dias, semanas, até meses para desenvolver um projeto, uma idéia, um produto ou serviço novo, até que chega a hora de expor todo esse esforço para os demais agentes envolvidos na sua continuidade. Esse momento é absolutamente crucial, pois falhar significa morrer na praia, desperdiçar muito esforço. Ele é um absoluto final de linha.

Portanto, o livro não aborda como fazer apresentações de forma competente e, sim, como lidar com esse momento que faz parte do cotidiano profissional de todos nós. Mostrará ao leitor a alternativa de incansavelmente combinar pensamento abrangente com manifestação concisa. Para mim, é na objetividade que reside a fórmula de eficiência no que tange à Comunicação na era atual. E para chegar lá, muito mais que aprimorar metodologias, é preciso mudar aspectos culturais e adotar novos princípios.

Isso nos remete ao tema central deste livro: a qualidade da estruturação e expressão das nossas propostas de valor é o grande diferencial competitivo da atualidade no que tange à Comunicação. Se me pedissem para pesar numa balança a importância de mudar princípios e adotar novas metodologias, não hesitaria em dar muito mais peso à mudança cultural que isso tudo representa, pois só vejo receptividade em aceitar uma nova metodologia se as pessoas entenderem, antecipadamente, as vantagens de sua aplicabilidade.

Como estou compartilhando minha experiência de 12 anos em comunicação de negócios, o leitor notará, ao longo de todo o livro, que não economizei em citações de terceiros e experiências vividas para reforçar os pontos abordados. Isso porque, para mim, elas trazem a credibilidade fundamental capaz de sustentar as propostas sugeridas no bloco de metodologia. Procurei ser o mais seletivo possível nesse processo, porque eu mesmo me assustei com o material que fui reunindo espontaneamente ao longo do tempo. Aliás, vale aqui uma dica para futuros escritores: não demorem muito a escrever seus livros, pois tive de jogar boa parte do material fora por estar obsoleto!

CAPÍTULO 1

Ambiente – Novas Características

Falar que o mundo está mudando é repetir um antigo chavão, mas repetir que precisamos nos ajustar rápida e radicalmente às novas culturas é uma lembrança preciosa. O mundo hoje tem pressa, e todo aquele que quiser acompanhar a modernidade precisa estar atento ao novo cenário, buscando enxergá-lo da forma mais abrangente possível. Vamos então levantar, item por item, quais são esses novos fatores que ao serem combinados podem gerar efeitos exponenciais.

Excesso de informações

Este tema faz parte do estudo "How Much Information? 2003", realizado pela Universidade de Berkeley. Ele provou que, somente em 2002, a humanidade gerou um volume de cinco exabytes de informação, número equivalente aos 25 mil anos anteriores de civilização. E a tendência de aceleração nesse processo é irreversível.

Faça seu próprio julgamento baseando-se nos seguintes fatos: o rádio levou 30 anos para atingir 30 milhões de ouvintes, cujo papel era unicamente passivo. Veio a televisão e, na metade do tempo, 15 anos, conquistou o mesmo número de espectadores, e continuávamos passivos, apenas assistindo e ouvindo. Até que chegou a era da Web, que em apenas 10 anos alcançou 600 milhões de pessoas, mas com um detalhe: desta vez nós absorvemos e *fornecemos* informações.

Em vista disso, tente imaginar onde irá parar a geração da informação. Segundo o IDC (International Data Corporation), iniciamos 2005 com 10 bilhões de mensagens indesejáveis por dia em todo o mundo e a previsão era de encerrar o ano com 35 bilhões! A edição de 31 de dezembro de 2006 do jornal *O Estado de S.Paulo* dava uma dimensão atualizada ao problema: em outubro daquele ano, 90% dos e-mails em circulação eram spam.

Essa sobrecarga de informação desnecessária acabou criando uma realidade muito mais desafiadora que exige das empresas e de cada um de nós um processo contínuo de filtragem, pois é preciso eliminar o monte de lixo que se mistura às informações importantes.

A acessibilidade total que conquistamos não implica que precisemos de tudo.
BILL JENSEN

Reconhecer o que o autor acima aponta nos leva a compreender que, frente a tanta informação, é cada vez maior a necessidade de fazer escolhas. É importante ressaltar que Bill Jensen é um dos papas do assunto pois, além de escritor de sucesso, é arquiteto da informação e líder de uma importante empresa americana de consultoria de mudança e comunicação corporativa.

Imediatismo da informação

> *"Velocidade – A coreana Samsung anunciou ontem ter criado um chip capaz de transmitir o equivalente a meio milhão de páginas de jornal por segundo, um recorde mundial. O número equivale a 34 anos de publicação de um jornal de 40 páginas."*

A nota acima, publicada no jornal *O Estado de S. Paulo* em 17 de junho de 2005, ilustra bem a que ponto estamos chegando quando se trata da rapidez com que a informação se torna acessível para nós.

Fazendo uma analogia, imagine um volume de água passando por um cano. Aumentar o diâmetro do tubo significa um volume maior de água transpondo no mesmo espaço de tempo. O mesmo se passa com a banda larga, que aumenta numa velocidade inacreditável há tempos (100% a cada 3 anos nos últimos 25 anos, segundo Bill Jensen), submetendo-nos a volumes cada vez mais massivos de informações no mesmo espaço de tempo. O problema, como veremos adiante neste livro, é que nossa banda larga de absorção não aumenta proporcionalmente, continua igualzinha.

Escassez de tempo

Ao falar de tempo, gosto muito da abordagem que David Brooks, jornalista americano do *The New York Times*, expôs há alguns anos e que continua atual: "A sociedade está se aprimorando em selecionar o que presta e o que deve ser jogado fora, e um novo tipo de percepção vem se desenvolvendo... Cada vez mais as pessoas pensam: Meu tempo – e não meu dinheiro – é a coisa mais preciosa que possuo. Vou protegê-lo daqueles que pretendem roubá-lo de mim... Isso afeta a vida das empresas. Elas devem ter certeza de que não estão fazendo ninguém perder tempo."

Recentemente, tive a oportunidade de viajar com um executivo de uma empresa cliente, que havia sido promovido a responsável pelas várias unidades fabris daquela companhia. Só na área de novas iniciativas, ele tinha mais de 300 para acompanhar. Ele foi enfático: "Normann, é impressionante como meu fator crítico passou a ser tempo", e projetou: "Agora que atingi o terceiro escalão hierárquico da empresa, imagino com clareza como deve ser pior nos níveis superiores."

Estamos em um mundo em que as pessoas pegam um avião para o exterior e viajam mais de 24 horas para falar por apenas 15 minutos! Parece loucura, mas é a pura realidade; afinal, preparei vários trabalhos nessas condições para alguns clientes. Percebo ainda com nitidez que o tempo que me concedem para preparar um trabalho é cada vez menor e a interlocução com o contratante, fator-chave na execução dos meus projetos, tem sido exígua, ou seja, o cliente mal tem tempo de me explicar o que deseja!

Em vista das atuais circunstâncias, tenho insistentemente defendido junto à minha equipe que não se trata mais de realizar um belo trabalho, mas sim de fazê-lo no tempo demandado. E detalhe: atendendo a mesma expectativa de qualidade por parte do contratante.

Sucesso, agora, é extrair o que queremos do interlocutor o mais rápido possível. Mas muitos ainda não perceberam que tudo mudou, e muitas pessoas, principalmente as que atuam na área comercial, ainda carregam a falsa crença de que reter um cliente por muito tempo é sinônimo de sucesso. "O cliente ficou duas horas comigo!" Se um concorrente tiver a capacidade de extrair um pedido idêntico em meia hora, não hesitem em acreditar que na próxima vez, se as condições comerciais forem iguais, o comprador fecha o pedido com esse segundo fornecedor mais ágil.

Outra nítida mudança: a conquista de tempo passou a ser de fora para dentro; não somos nós que demandamos quantas horas ou minutos teremos para expor nossas idéias e propostas, mas sim a audiência, que nos concede esse tempo. Como veremos mais adiante, isso implica sermos extremamente competentes na abertura das exposições de forma a motivar a audiência a nos conceder espontaneamente mais tempo.

Lembro-me de uma experiência que ilustra bem essa situação: havíamos preparado uma apresentação relativamente longa (uma hora) para uma empresa, destinada à direção de uma montadora. No dia seguinte, como de hábito, liguei para o cliente a fim de saber o resultado da reunião, e ouvi: "Ficamos quatro horas com eles". Isso é sinônimo de sucesso, pois foram os representantes da montadora que, perante o conteúdo dos primeiros 60 minutos, se motivaram a estender o encontro. Agora, posso assegurar que, se meu cliente tivesse pedido uma reunião de quatro horas para sua exposição, a chance de ter esse tempo concedido antecipadamente seria literalmente zero!

Déficit de atenção

Anos atrás, durante um vôo nos Estados Unidos, li um anúncio da Accenture que chamou minha atenção por abordar o conceito do déficit de atenção. Ele dizia que o recurso escasso da atualidade não era mais terra, capital, trabalho ou informação, e sim atenção. Batizado de OADD (Organizational Attention Deficit Disorder), o assunto me impactou tanto que fui pesquisar melhor e acabei me deparando com um estudo onde esse conceito foi trabalhado com profundidade por Thomas H. Davenport e John C. Beck no livro *The Attention Deficit.*

Essa nova consciência me influenciou muito no estabelecimento de novas formas de conduta no meu negócio, porque sua lógica é absolutamente incontestável: se durante uma exposição eu não conquisto a atenção do ouvinte, a matéria-prima principal de um processo de comunicação, falando em bom português, eu danço! Só que essa é uma tarefa árdua, veja aqui o porquê.

Despertar a atenção das pessoas hoje saturadas pelo excesso de informação já é em si um belo desafio. Imagine então o que é conquistar essa mesma audiência se ela for *multitasking* (multitarefas), ou seja, do tipo que faz coisas simultaneamente? Como atrair uma audiência impaciente que, pressionada pela escassez de tempo, muitas vezes enquanto ouve você, também está falando ao celular, checando pagers, com o notebook aberto no colo, lidando com PDAs, redigindo torpedos, checando ou respondendo e-mails?

Impaciência

Um cliente, CEO de uma grande empresa global, foi protagonista de uma experiência que ilustra bem esse ponto. Certo dia, um fornecedor marcou uma apresentação com ele e, quando abriu seu PowerPoint, acidentalmente acabou revelando na tela que a apresentação tinha algo como 80 slides! Vendo isso, meu cliente imediatamente falou: "Não há a menor possibilidade de eu assistir a uma apresentação tão longa. Por favor, enxugue, e quando estiver OK volte a me chamar". Meia hora depois o tal fornecedor mandava avisar que já estava pronto para iniciar a exposição, agora mais compacta. Mas, ao notar que ela foi resumida em 40 slides, o CEO voltou a dizer que era um número ainda excessivo para ele assistir. Bem, encurtando a história, o sujeito teve de voltar para casa e refazer toda a apresentação para poder ser ouvido.

Esse CEO é um profissional extremamente objetivo. Por exemplo, ele jamais lê um e-mail no qual é copiado, e encaminha automaticamente esse tipo de mensagem para uma pasta temporária. "Se fosse importante vinha diretamente para mim", afirma ele com convicção. Prova disso é que, no dia em que estávamos juntos, por volta do meio-dia, ele já havia sido copiado em mais de cem e-mails. Isso é realmente indigerível.

Outro exemplo de profissional que exige objetividade levada ao limite é Ghosn, o presidente mundial da Renault-Nissan. Segundo artigo publicado na revista *Exame* de abril de 2007, ele exige que as apresentações não passem de 15 minutos, para evitar que fiquem longas e chatas e não levem a lugar algum.

Todos esses aspectos da audiência estabelecem uma linha de conduta obrigatória em comunicação na atualidade. Não basta despertar a audiência, isso deve obrigatoriamente ser feito logo no início da exposição. Se o grande momento ou mensagem de sua apresentação estiver lá adiante, no meio ou final, lamento, mas você está perdido. Seus ouvintes poderão estar olhando para você, mas com a cabeça em outro lugar. Por essa razão, atentos a isso, na Baumon, empresa que dirijo, somos obsessivamente conclusivos na abertura das apresentações.

Excesso de decisões

Algumas vezes estamos apenas expondo ou compartilhando nossas idéias, mas isso é raro. Na maioria das vezes há uma decisão que se espera por parte da audiência, de preferência favorável à nossa expectativa. Só que, se formos comparar a um passado não muito distante, estamos vivendo em um mundo corporativo onde as pessoas tomam cada vez mais decisões em um espaço de tempo menor. E, pior, para cada decisão existem mais e mais opções.

E isso se reflete até mesmo na vida pessoal. A revista *Veja* fez uma reportagem em 2005 mostrando a sociedade de escolha em que vivemos. Nela, dizia que, ao entrar em um hipermercado, você encontrará 45 mil itens expostos. A matéria listava quantas opções você tem para escolhas das mais variadas: maionese – 30 tipos; iogurte – 100 qualidades; DVD –

70 modelos; celular – 200 opções de modelos; PC – 400 configurações diferentes; carros – 300 modelos (16 fabricantes, 50 cores, 4 tipos de combustível). Tudo isso em 2005; agora, esse leque deve estar muito mais amplo.

Tomando carona na idéia da revista, durante um workshop em uma empresa de eletrodomésticos, resolvemos fazer uma projeção de quantas opções de geladeiras existem no mercado brasileiro, considerando-se todos os aspectos envolvidos como cor, dimensões, voltagens, uma ou duas portas, acessórios etc. Chegou-se ao número impressionante de aproximadamente 600 opções, considerando a própria empresa e seus concorrentes. Como tomar a decisão acertada?

Mais um exemplo, que chega a ser hilário: em dezembro de 2005, *O Estado de S.Paulo* publicou uma matéria de Ethevaldo Siqueira na sessão sobre TI. A matéria dizia que o Treo 650, um recém-lançado modelo de smartphone, podia ter sua performance melhorada pelo downloading de 28 mil aplicativos alternativos! Dá para acreditar? Qual escolher? Cheguei a pensar que devia ser erro de impressão. Mas, se fossem apenas 2.800 também seria um absurdo, e mesmo 280, ainda seria o mesmo absurdo. É definitivamente necessário se vacinar contra essas situações, literalmente inconcebíveis.

Seja enquanto cidadãos, seja como executivos, o excesso de escolhas nos coloca em uma situação de desconforto para tomar decisões. Veja esta experiência. Em um supermercado colocaram 24 tipos de geléia em um balcão e, em outra área, seis opções. As 24 opções atraíram muita curiosidade, mas as compras efetivas foram muito superiores no local com apenas seis opções. Afinal, era bem mais fácil decidir.

A Consultoria Internacional Kepner Tregoe fez no ano de 2000 um grande estudo abordando o processo de tomada de decisão no ambiente corporativo; destaco dele duas conclusões:

a) Ficou comprovado que efetivamente a grande maioria dos profissionais em todos os níveis hierárquicos estava tomando mais decisões em menos tempo que em períodos passados.
b) E, em função disso, foi detectada uma perda de qualidade nas decisões.

Quatro anos depois, a *Veja*, em sua edição de 14 de janeiro de 2004, reforçava essa constatação, citando psicólogos americanos que, ao estudar a vida de gerentes empregados em grandes companhias, descobriram que eles chegam a tomar uma decisão a cada nove minutos. São mais de 10 mil decisões por ano, ou seja, 10 mil possibilidades de acertar ou de errar, e o pior, não há como fugir: ou você decide ou alguém decide no seu lugar.

Em uma entrevista há alguns anos para a revista *Business 2.0*, o escritor Alvin Toffler, considerado o futurista com maior credibilidade e influência internacional, a ponto de assessorar presidentes e primeiros-ministros de vários países e CEOs de importantes empresas em todo o mundo, explicou de forma magistral e simples que essa perda de qualidade nas decisões é o resultado de uma sociedade plugada que passou a poder acessar informações em tempo recorde. Entretanto, diz Toffler, a velocidade do ser humano raciocinar para tomadas de decisões continua a mesma, ou seja, não há como manter a mesma assertividade se temos que tomar cinco ou cinqüenta decisões em meia hora. Há uma barreira biológica, um limite humano, pois, em termos de DNA, somos iguais aos nossos pais, avós e tataravós. Só que eles não tinham que lidar com o ambiente que estou descrevendo.

O ponto-chave deste item para você pensar é que se não criarmos um material que estimule qualidade na decisão do nosso interlocutor, corremos um enorme risco de escutarmos o que não queremos.

A baixa tangibilidade da Era do Conhecimento

Gosto de ilustrar este ponto fazendo um exercício de volta ao passado. Procure voltar para o período em que começava a industrialização no Brasil, e imagine-se vivendo em uma pequena cidade com uns 2 mil habitantes, numa área remota, digamos a Amazônia. Aí aparece alguém com um ventilador e você pergunta: "O que é isso?", e ele responde: "Ponha seu rosto aí na frente, e veja como refresca!" Se alguém lhe mostrasse uma geladeira, certamente falaria: "Coloque um copo de água e espere duas horas, você entenderá!". Quando surgiram os automóveis, era simples explicar para que serviam, pois bastava dizer: "Sente-se aí, você se locomoverá muito mais rápido!"

Nesse passado, tudo era tangível, concreto, e os cinco sentidos funcionavam ativamente para facilitar nossa compreensão das coisas novas. Agora, isso está radicalmente modificado. Conhecimento não é tangível, assim como idéias ou estratégias.

Pegue serviços como exemplo também. Quando atribuímos valor a um serviço? Todos concordarão que não é na hora da venda, mas sim quando percebemos as mudanças que ele promoveu em nosso ambiente de atuação. Na verdade, quando se fala na prestação de um serviço, está-se falando numa "promessa". Por exemplo, se alguém lhe falar de uma empresa maravilhosa de higienização e limpeza capaz de deixar suas instalações impecáveis, você só conseguirá, como contratante, atribuir um valor a esse serviço quando, de fato, puder constatar o quanto tudo aquilo está limpo!

Como escolher entre vários contratantes me oferecendo um serviço, ou melhor, uma promessa? Um dos caminhos, indiscutivelmente, é credibilidade, mas, minhas andanças por aí mostram que não há muita diferenciação nessa seara. É comum se encontrar empresas participando de uma concorrência onde todos são idôneas, igualmente confiáveis, sendo, portanto, perda de tempo ficar se descrevendo. Some a isso serviços comoditizados e preços similares. O que resta para a diferenciação?

Para mim, a resposta está na eficiência em atingir direta e positivamente quem nos ouve. Descrever o que fazemos (que é o que a maioria faz) é perda de tempo. Não basta mencionar impactos positivos, eles devem ser demonstrados de forma concreta e absolutamente clara para a audiência.

Na Revolução Industrial, isso era bem mais fácil, uma vez que os efeitos eram substancialmente mais mensuráveis. Imagine frente a uma produção artesanal, o impacto que provocava um tear que possibilitava a confecção de mais metros quadrados de tecido em menos tempo, com menos pessoas envolvidas e, quem sabe, talvez até com menos perdas. Mensurabilidade total.

Mas tudo mudou e muito, pois estamos em plena Era do Conhecimento, e agora para você tangibilizar suas propostas, deve expor uma lógica, com dados e informações que a sustentem. O caminho realmente é esse, como veremos mais adiante no capitulo de metodologia.

Existem, portanto, quatro alternativas para lidar com essas mudanças de ambiente corporativo citadas neste capítulo:

1. Torcer para serem mudanças passageiras.
2. Incorporar métodos milagrosos que assegurem leitura dinâmica, memorização acelerada etc.
3. Tentar mudar seu DNA.
4. Mudar seus princípios e metodologias reconhecendo o novo ambiente de atuação corporativa; em outras palavras, você muda.

É nesta última alternativa que reside o caminho sugerido por este livro.

CAPÍTULO 2

Lidando com as mudanças do ambiente corporativo

Para provocar os participantes do workshop que costumo dar, em determinado momento, passo uma série de slides, descaracterizados por uma questão ética, todos extremamente poluídos. A reação da platéia é sempre a mesma: inconformismo e risadas. Mas todos admitem que slides assim são constantes (para não dizer maioria) em suas empresas, e chegam a confessar que produzem slides parecidos. Mas então por que eles continuam a fazer isso? É irracional, é ilógico, e óbvio que o conteúdo em excesso se torna totalmente indigesto.

Todos, literalmente todos, sem exceção, reconhecem que informação demais incomoda quando estão posicionados sob a perspectiva da audiência. Mas, estas mesmas pessoas admitem extrapolar quando produzem seus materiais de apresentação. Por quê? Qual a razão de continuarem a fazê-lo?

Vou ilustrar a resposta com um case. Tempos atrás, ao terminar de fazer uma apresentação do nosso trabalho para um cliente em potencial, o interlocutor afirmou: "Você está me mostrando o óbvio!" Em seguida, antes que eu pudesse intervir ele mesmo respondeu: "... e por que será que não conseguimos praticar o óbvio aqui na empresa?" Para mim, a resposta é que ainda estamos muito presos a heranças e barreiras culturais e não nos desvencilhamos de atitudes oriundas da nossa formação escolar, incompatíveis com a realidade atual. E exponho aqui o que está por trás disso:

Desejo de expor dedicação e domínio do tema

Nós, seres humanos, gostamos de expor nossa dedicação, pois temos a sensação de que, ao revelarmos o nosso esforço, seremos mais notados e o nosso valor mais reconhecido. Varamos madrugadas, trabalhamos em domingos e feriados, às vezes até semanas seguidas, privamo-nos em longos períodos do convívio com a família e os amigos, e é natural que queiramos de alguma forma deixar isso claro aos nossos interlocutores. Mas lamento informar: isso não interessa. Não estou dizendo isso por ser minha opinião, é o que vejo no meu cotidiano. Lembrem-se do que falei na minha introdução, estou compartilhando experiência!

Vou contar duas histórias reais: em uma apresentação de final de ano de uma grande empresa, optamos por um tom mais emocional, amparados pelos excelentes resultados conquistados. Em determinado momento, falei para o CEO: "Vamos colocar agora o bloco 'valorizando a dedicação do seu time'. Para minha surpresa, ele respondeu: "De jeito nenhum". Atônito, eu quis saber o motivo, ao que ele respondeu: "Dedicação não é um valor prestigiado por nossa organização; não me interessa um colaborador que virou o fim de semana e chegou a um resultado inexpressivo para nossa empresa. A mim interessa muito mais quem chegou a um resultado importante." E não me deixou colocar o bendito bloco da dedicação.

Com relação a esse caso, devo ressaltar um detalhe extremamente importante: nosso amigo, o CEO, se não é o mais dedicado da empresa, está definitivamente entre os mais mais. Ele, de fato, se dá ao negócio no esquema 24 X 7. Assim, reflita: Que adianta expor dedicação se ele é um dos que mais pratica o tema?

Contei essa história para um CEO da América Latina, que havia assumido a área há quatro meses, e estava se preparando para fazer uma apresentação para o CEO mundial da empresa. Quando acabei ele me disse: você acabou de mudar minha forma de pensar, pois estava me preparando para expor muito de minha dedicação nesse período. No final, ajudei-o a apresentar apenas as conclusões e os resultados dos quatro meses para o chefe dele.

Agora conto aqui outra experiência que bem ilustra a questão. Eu estava discutindo o tema de expor "dedicação" aos superintendentes de uma empresa, todos engenheiros. E eles vieram com esta: "Aqui é mais grave, pois além de sempre ressaltarmos a dedicação, procuramos expor também o quanto dominamos o assunto em pauta".

Esse tipo de erro é muito mais comum do que se pensa, porque expor dedicação não é apenas dizer o quanto nos dedicamos de forma explícita, é também mostrar os levantamentos, pesquisas, estudos, análises e discussões que fizemos. Com essa atitude, deixamos a audiência sutilmente perceber o esforço. Mas, pode ter certeza, o sujeito do lado de lá, se não disser rapidamente, vai estar pensando "e onde vocês chegaram?"

Existe uma justificativa mais que razoável para darmos valor à exposição de dedicação. É que isso era profundamente valorizado décadas atrás, tanto na escola, como na família, assim como em outros ambientes. Quando os professores notavam o porte da pesquisa feita sobre um assunto, que efetivamente demandava muitas idas e vindas a bibliotecas e outras fontes, éramos elogiados e valorizados pelo esforço. Se íamos mal em uma matéria onde estivesse claro que havíamos nos dedicado com afinco, a bronca de nossos pais e/ou mestres vinha com atenuantes, pois, repito, eles valorizavam e reconheciam nosso esforço. Só que isso tudo mudou, chegando até a transformar a forma de estudar. Por exemplo, o esforço de pesquisa na atualidade é muito menor que antigamente. É só colocar o tema no Google padrão ou no School Google e lá estão os dados e informações que procuramos. Ou seja, na nova escola, a dedicação de horas de busca perdeu seu valor, e passou-se a valorizar muito mais a capacidade de estabelecer relevância e interpretação. Mais adiante neste livro abordarei esse aspecto com maior profundidade.

Em resumo, essa necessidade de "mostrar serviço" é uma herança cultural que não se aplica mais aos dias de hoje, sobretudo no ambiente corporativo. Com isso, até aqui, conseguimos comprovar que, se mandarmos para o lixo todos os slides voltados para os itens "dedicação" e "domínio do tema", a apresentação começa a ficar mais concisa e muito melhor.

Evitaremos com isso o erro mais comum que vejo em apresentações: na hora de expor, as pessoas repetem o conteúdo sob a perspectiva do desenvolvimento. Ou seja, criam o conteúdo ao longo de dias, semanas ou meses, e no momento da exposição também evoluem de dados para informações e terminam com conclusões e/ou recomendações. Só que a audiência espera outra coisa: ela quer saber desde o início onde se chegou, e por quê, com dados e informações que sustentem solidamente os argumentos.

Falta de tempo para preparar a apresentação

A maioria das pessoas não tem o tempo necessário para desenvolver suas apresentações. Uma pesquisa americana realizada por Claudine Wilder e Geetesh Bajaj em 2004 junto a 750 profissionais, revelou que 58% deles perdiam mais de três horas para produzir uma apresentação de 30 minutos. Acho até que foram conservadores, pois, para mim, a realidade é maior que essa proporção de seis para um.

Acabamos preparando a apresentação após o expediente ou então no final de semana, e aí surge como solução miraculosa a "muleta" chamada PowerPoint, que nos oferece recursos gráficos que costumamos potencializar no melhor estilo "Frankenstein": pega um slide daqui, dois dali, vamos juntando e criamos rapidamente uma nova apresentação.

Problema: a lição de casa fica no PowerPoint. A pessoa tem enorme probabilidade de ler essa série de slides para a audiência, muitas vezes até de costas para ela. Só que uma apresentação tem local certo e insubstituível para residir: nossas cabeças. Ter o recurso do PowerPoint à mão para nos ajudar é bom, só que, definitivamente, não podemos depender dele, e veja agora o porquê.

Especialista em Comunicação Empresarial, e comandante de uma empresa chamada Think Outside the Slide, Dave Paradi, conduziu uma pesquisa junto a 159 pessoas em setembro de 2003, e ela revelou que o principal aspecto que desmotiva os espectadores em uma exibição é o fato de o apresentador ler o slide para quem o ouve (60,4%). Ele é um dos que defendem que as audiências se aborrecem quando o apresentador demonstra não ter sequer pensado sobre a estrutura da apresentação e visivelmente só copia texto de um relatório para slides. Os slides de PowerPoint devem suportar a mensagem, não o apresentador ou um relatório extenso. O apresentador deve se conectar com a audiência e não se esconder atrás dos slides.

E pude comprovar o quanto a pesquisa de Paradi estava correta quando, certo dia, tive a oportunidade de estar com pessoal de imprensa que havia assistido à divulgação de uma grande parceria entre duas grandes empresas. E o comentário dos jornalistas era: "Se era para ler, eu também sei fazer isso". Afinal, esperavam escutar interpretações e não simples leituras.

Lou Gerstner, o homem que virou a IBM, depois que a empresa havia perdido 8 bilhões de dólares em 1992, e em pouco tempo levou-a a ter um lucro de 3 bilhões, é protagonista de uma história que demonstra bem onde quero chegar. Numa das primeiras reuniões como presidente, na qual seria apresentado à situação de negócios da IBM, esse CEO se levantou e, segundo se conta, educadamente teria desligado o projetor que um diretor havia ligado segundos antes: "Vamos só conversar", disse ele. "No fundo, é o que importa. Com ou sem PowerPoint."

Aqui cabe uma observação. Esse tipo de estímulo como o de Gerstner tem efeitos fantásticos em uma empresa. Quando dou meu workshop ou faço uma palestra no nível mais alto das organizações, sempre recomendo que os diretores repitam ocasionalmente a atitude de Gerstner desligando de surpresa o projetor, estabelecendo um número limitado de folhas para um relatório ou pouco tempo para uma apresentação. Todas estas atitudes provocam forçosamente raciocínio e discernimento do outro lado, pois eles vão ter de necessariamente ser seletivos. Acredite, a qualidade de conteúdo cresce exponencialmente em proporção à restrição de tempo ou espaço!

O que Gerstner queria saber era quem tinha a empresa clara em sua cabeça, e não no PowerPoint. E, no fundo, é o que todos os CEOs querem saber. Tive isso muito claro quando, em certa ocasião, estava preparando uma reunião de Conselho de um cliente. Durante o desenvolvimento do trabalho, notei que, a cada pergunta estratégica, os diretores consultavam material escrito. Não tive dúvidas e chamei o CEO para uma conversa em separado e o alertei: "Você tem um problema sério de gestão. Sua equipe simplesmente não tem a empresa na cabeça, o que é literalmente inaceitável." Meu cliente concordou de imediato.

O assunto está tão em pauta que a *Exame*, em sua edição de março de 2007, trouxe um artigo baseado no livro *Secrets of Greatness* (Segredos do Poder), da *Fortune*, que reúne reportagens sobre grandes executivos. Uma delas se refere a A.G. Lafley, presidente da Procter & Gamble. Ao perceber que os executivos iam para as reuniões estratégicas com extensas e insuportáveis apresentações, Lafley passou a exigir as apresentações com antecedência e mandá-las de volta com mudanças. E a recomendação era de que não tivessem mais que três slides!

Bom, o resumo é o seguinte, se você por insegurança deixou a lição de casa no PowerPoint, estará correndo um grande risco de ser classificado como "chato" ou "incompetente".

Precaução demais

Muitos expositores, perante a ameaça de serem testados por seus interlocutores, sejam eles clientes ou superiores hierárquicos, armam-se até os dentes com slides de sustentação dos argumentos expostos. Até aí tudo bem, não existe regra definitiva de backup, pois, para mim pode-se levar 100, 200, 500 slides de backup. O problema é o sujeito que expõe o bendito backup, fazendo a apresentação durar horas em vez de minutos.

Esse foi um ponto muito discutido em vários workshops dados para uma siderúrgica que vinha sofrendo internamente com reuniões demasiadamente longas. Ocorre que problemas em um alto forno são muito mais graves que outras linhas de produção, como a de eletrodomésticos, por exemplo. Assim, tentando evitar erros na área operacional que pudessem implicar em graves conseqüências, o diretor da área industrial era tremendamente inquisidor, questionando constantemente a base de sustentação das apresentações e, perante essa expectativa, todos se armavam até os dentes com dados e mais dados. As pessoas não tinham bem definido "quanto confiam em mim" x "quanto vão me testar". Na dúvida, chegavam nas apresentações munidos de centenas de slides de backup. Até aí faz todo o sentido.

Debatemos exaustivamente a situação e o que ficou claro é que começar contando o histórico dos procedimentos adotados desde o começo, deixando a conclusão para o final levava indiscutivelmente horas. Expliquei que seu interlocutor, o diretor, era mais experiente do que eles (por isso era o diretor) e certamente já estava familiarizado com muitos aspectos do histórico. Alternativamente sugeri aos executivos daquela siderúrgica que começassem pela conclusão, e a seguir mostrassem as premissas e a linha de conduta do trabalho. Se tudo isso fizesse sentido para o diretor, a apresentação seria liquidada em minutos. E, no caso de haver algum questionamento sobre alguma dessas etapas, aí sim se deveria lançar mão somente dos dados, informações e procedimentos de sustentação específicos dos pontos em dúvida. Um grupo que não havia sido bem-sucedido em aprovar um projeto após horas de apresentação, repetiu a proposta segundo a recomendação acima e conseguiu seu OK em meia hora.

Resumindo, back-up é para ser utilizado somente quando absolutamente necessário. E sob demanda.

Discernimento: a apresentação é mesmo necessária?

Antes de pensar em fazer uma apresentação, é preciso fazer o seguinte questionamento: ela é mesmo necessária? Outro dia, conversando com o CEO de uma empresa cliente com atividade global, ouvi dele que, antes da questão da qualidade das apresentações, para ele o mais intolerável era o excesso de exposições, muitas vezes desnecessárias, uma vez que o assunto poderia ter sido resolvido melhor e mais rapidamente com uma boa conversa.

O diretor de pesquisa do Google, Peter Norvig, reforça essa colocação em seu blog, com a seguinte história ocorrida na NASA. No dia 9 de agosto de 1968, George Low, gerente do programa Apollo, encontrou-se às 8:45h com o diretor da base de Houston, Robert Gilruth, para recomendar que a missão Apolo 8 tentasse uma órbita lunar, o que seria uma mudança ambiciosa sobre os planos originais. Às 9h o tema foi colocado para Chris Kraft, diretor do vôo, que verificou a viabilidade técnica da sugestão. Às 9:30h, os três decidiram colocar a proposta para o líder da Nasa, Werner Von Braun. Pegaram um avião para Huntsville e, às 14:30h, reuniram-se com Braun e todo o staff. Nesse mesmo dia a iniciativa foi aprovada, e apenas quatro meses depois foi executada com sucesso.

"Pense no que Low obteve no tempo em que muitos executivos na atualidade ainda estariam usando para escolher as fontes, fundos e imagens para suas apresentações. A solução para temas desse porte e importância não são as chamadas apresentações 'convincentes e persuasivas', mas sim reuniões de pessoas com paixão e conhecimento que buscam, acima de convencer os demais, alcançar coletivamente a melhor decisão", diz Norvig. No blog, ele ainda aconselha: "Organizem suas apresentações e encontros para ganhar vantagem com as pessoas reunidas no encontro e não para chateá-las. Se todos tiverem feito suas observações antecipadamente sobre slides padrão, haverá pouco espaço para que a discussão evolua ou que surjam novas idéias através de colaboração. Homogeneidade é boa para leite e não para idéias. Use recursos visuais apenas para convergir informação e não para dar a impressão de que o tema em pauta está resolvido através de uns poucos textos curtos (*bullet points*)."

Cuidado com o PowerPoint

O uso indevido do PowerPoint tem gerado tantas críticas, que certas empresas chegaram a abolir esse recurso. Uma revista americana sobre comunicação saiu com a seguinte capa: "PowerPoint edição especial – Por que o amamos, por que o odiamos", incluindo frases como "Se o seu romance com o PowerPoint acabou, junte-se à multidão" e questionamentos do tipo "O que comunica melhor: multimídia animada ou palavras escritas em uma folha de papel branco?"

A cada dia que passa, essa ferramenta é mais questionada. Recentemente um blog chamado "Watercooler Confidential" congregou vários comentários sobre o tema "Morte através do PowerPoint" inspirados pelo livro *Fiasco*, de Thomas Ricks, correspondente do *Washington Post*. Em um ponto da publicação que aborda a Guerra do Iraque, o jornalista cita a frustração de um general em não receber relatórios escritos no lugar de slides de PowerPoint extremamente vagos. Diz Thomas: "Esta dependência para slides em vez de ordens formais escritas parecia, para alguns militares, demonstrar o amadorismo do Secretário de Defesa americano Donald Rumsfeld em sua abordagem ao planejamento de guerra."

O livro mostra um slide extremamente complexo com diagramas usados para discutir tática de guerra no Iraque, de dificílima compreensão, provocando comentários em blogs como este: "O PowerPoint agora não apenas mata células do cérebro e paciência, mata também soldados americanos".

Na realidade há uma corrente forte na Web para desacreditar o PowerPoint, e indiscutivelmente alguns comentários em blogs são muito bem elaborados e nos levam a refletir sobre o seu uso indiscriminado.

Mas há aqueles que exploram essa ferramenta de forma muito criativa. O mesmo Peter Norvig que parodiou um discurso famoso de Abraham Lincoln, reconhecidamente um dos mais famosos oradores da história, usando um dos menus padrão do PowerPoint (*auto content wizard*). Dêem umas boas risadas vendo como um texto brilhante fica medíocre no link http://www.norvig.com/ Gettysburg/index.htm.

Em termos de crítica ao PowerPoint, Edward Tufte é imbatível. Esse *information designer* americano escreveu um verdadeiro tratado sobre o tema (*The Cognitive Style of PowerPoint*) em que demonstra o quanto essa ferramenta pode emburrecer as pessoas no ambiente corporativo. Entre os princípios de Tufte, destaco três com os quais concordo integralmente:

a) Informação quantitativa se resume a uma questão: Comparada a quê?
b) Se esforce para expor sempre causa e efeito.
c) Uma apresentação se resume à qualidade, relevância e integridade do conteúdo. Se os números expostos são chatos, então estão errados. Se as palavras e imagens não chegam ao ponto, fazê-las dançar em cores não as tornará relevantes. Audiências chateadas são resultado de falha de conteúdo e não de decoração. PowerPoint é um suplemento da apresentação e não a própria.

Esse estrategista da informação que lota suas palestras e já foi parar no *The New York Times*, defende também arduamente o conceito que a visão "lateral" produz muito mais compreensão que a visão "seqüencial" (um slide após o outro). Quando estamos preparando uma apresentação, e temos condições de dispor sobre a mesa, separados por grupos, todos os slides de sustentação dessa apresentação, conseguimos uma visão ampla e rápida do assunto, coisa literalmente impossível de se reproduzir em um computador que só nos oferece a opção de ver seqüencialmente. Não resta dúvida de que a qualidade e rapidez de se poder ver tudo em blocos simultâneos sobre a mesa é incomparável com a seqüencial do PowerPoint. Faça a experiência, eu garanto o resultado.

Uma iniciativa de Tufte junto à Nasa repercutiu bastante na imprensa. Foi quando ele questionou particularmente um slide que fazia parte de uma apresentação feita na Nasa antes do acidente com a nave Columbia, e que poderia estar implicado na apuração das causas do acidente. O slide continha uma informação vital para uma eventual prevenção do acidente, mas era tão poluído que a audiência literalmente passou direto sobre a informação, obrigando a agência espacial a rever todas as regras de suas apresentações científicas após o episódio.

Bem, Tufte tem indiscutivelmente milhares de admiradores, chegando a ser considerado por muitos como o guru global de Information Design. Contudo, também provoca polêmica, porque existem aqueles que discordam de seu extremismo nas críticas ao PowerPoint. E eu me incluo nesse grupo. Todas as citações incluídas neste capítulo foram cuidadosamente selecionadas por serem relevantes e coerentes com o meu modo de pensar. Entretanto, tenho de admitir: uso e muito o PowerPoint na minha atividade, porém não dependo dele, uma vez que a experiência me ensinou a colocá-lo em seu devido lugar. Até porque essa ferramenta, isolada de um pensamento mais abrangente e racional, não é nada. Explicando melhor, eu uso o PowerPoint para finalizar um trabalho, porém jamais desenvolvo um trabalho com ele.

CAPÍTULO 3

Novos princípios para a comunicação corporativa

Atualmente todos nós acordamos diariamente com uma demanda de atividades superior à nossa capacidade. O profissional competente sabe que se ele se ocupar com temas não prioritários, certamente vai sucumbir perante concorrentes talvez até menos capazes, porém mais focados naquilo que realmente interessa. O uso racional do tempo irá diferenciar pessoas, projetar carreiras e impulsionar os negócios e as empresas.

Por conta disso, o meio corporativo do Novo Milênio depende de três critérios cada vez mais valorizados: relevância, concisão e simplicidade. Vamos estudá-los um a um:

Relevância e priorização

Uma apresentação não é uma caixinha de surpresas, e ninguém na audiência deve ficar esperando pelos próximos slides. Ela é um exercício organizado de sustentação de uma proposta importante colocada logo nos primeiros momentos. A isso se chama objetividade, e dela fazem parte a relevância e a priorização.

Só que o tempo de desenvolvimento de qualquer tema sempre foi historicamente muito superior ao tempo de sua exposição. Nos tempos da escola, levávamos dias inteiros para concluir um trabalho e invariavelmente nos davam poucos minutos para expô-lo. No ambiente corporativo, os profissionais levam semanas ou até meses para desenvolver seus projetos, no entanto dispõem de breves minutos para obter a aprovação dos superiores.

A pergunta natural é: O que deve ser exposto entre dezenas e dezenas de relatórios e/ou planilhas sobre pontos importantes? É nessa hora que o poder de seleção se torna crucial, pois todos nós somos capazes de fazer escolhas, a questão é como chegar a *boas* escolhas. Assim, "capacidade de priorização" passou a ser um dos requisitos de qualificação de candidatos a vagas de empregos, tanto que Ram Charam, doutor em administração indiano, guru do lendário Jack Welch (chairman da GE por 20 anos) e autor de *As 8 competências que separam os que fazem dos que não fazem*, coloca essa competência para fixar as prioridades como a sétima da lista.

Por isso, Bill Jensen afirma categórico: "Cerca de 80% da comunicação interna – reuniões, teleconferências, apresentações, correio eletrônico – se constituem de informações que não exigem ação e/ou comunicação de algo para o qual a falta de resposta do receptor não envolve qualquer conseqüência."

Jensen nos mostra que, ao se fazer uma apresentação, muitas vezes os objetivos não são claros porque são muitos, e essa sobrecarga causa complexidade, podendo provocar leitura errônea e resistência à mudança daqueles que podem decidir. Disso se conclui que clareza passa a competir com autoridade quando o objetivo é acertar na escolha. Portanto, a comunicação destinada à tomada de decisões é a chave do sucesso nos negócios e, para essa comunicação, muitas vezes aquele que sabe explicar melhor vale muito mais que um bando de planejadores.

Concisão

Este bloco é o tema central deste livro. Afinal, a informação não dada é aquela desnecessária, que iria tomar o precioso tempo de todos os envolvidos e seria irrelevante para a decisão que se espera deles. Por isso é fundamental que todo aquele disposto a enfrentar a sobrecarga de informação aliada à escassez de tempo aprenda a dominar a concisão. E isso não é nada moderno, pois há muito já se escreve a esse respeito:

O mais valioso de todos os talentos é nunca usar duas palavras quando apenas uma resolver.

THOMAS JEFFERSON,
TERCEIRO PRESIDENTE DOS ESTADOS UNIDOS (1743-1826)

Menos é mais.

ROBERT BROWNING,
POETA E NOVELISTA INGLÊS (1812-1889)

Essa última frase, para mim, é definitivamente a mais absoluta tradução da verdade. Mas, sobretudo no meio corporativo, por alguma razão inexplicável, a grande maioria das pessoas pensa o contrário, e lá surgem os slides poluídos, dissertações com dezenas de páginas, discursos intermináveis.

Gosto de citar o exemplo de James Watson, o homem que, em parceria com Francis Crick, descobriu, em 1953, a estrutura do DNA. Anunciaram essa descoberta que revolucionou o planeta em um artigo de apenas uma página, que condensava sua essência. Mais de 50 anos depois, essa concisão ainda era assunto, e mereceu uma pergunta específica do repórter que entrevistou Watson para uma matéria publicada numa edição da *Veja* de agosto de 2005: "Vocês anunciaram ter descoberto a estrutura do DNA, num artigo de uma página. Dada a importância do achado, o texto talvez seja um dos mais contidos da história da ciência. Por que essa modéstia?" A meu ver, uma possível resposta do cientista poderia ser: exposição de conhecimento qualificado não está atrelado a número de páginas.

Em minhas aulas de Expressão de Idéias na Era do Conhecimento, no MBA, sempre afirmei isso. E, mais recentemente, resolvi colocar a questão em classe por meio de uma pergunta: "Quem não tem medo da frase 'menos é mais'?" Confesso que fiquei totalmente surpreso ao verificar que ninguém levantou a mão. E percebi que é evidente a razão dos alunos não terem segurança em buscar a concisão: temor de que a audiência pense que eles se dedicaram pouco ao trabalho. Nesse momento do curso, preciso sempre garantir a eles que, baseado em toda a minha experiência de vida, a reação a uma argumentação concisa é sempre positiva, e por isso nunca vi um interlocutor reclamar de eu ter sido rápido e objetivo, sem, contudo, perder a qualidade.

Baseado nessa experiência de trabalho, repensei a frase, e passei a afirmar:

Menos, com qualidade, tem potencial para ser mais.

Tempos depois, conversando com um cliente, CEO de um grande player global na América Latina, perguntei se ele teria medo de se apresentar com um único slide ao CEO Mundial. Ele respondeu: "Hoje não, mas quando ele assumiu há um ano atrás, não teria essa coragem e a razão é simples: eu ainda não tinha conquistado a confiança dele." Achei que ele tinha total razão. Somente quando temos a confiança da audiência podemos ousar na concisão, pois nesta condição não duvidarão que fizemos a lição de casa. E assim surgiu a segunda versão ajustada da frase, lapidada pela vivência:

Menos, com qualidade, e tendo confiança da audiência, tem potencial para ser mais.

Muito bem, e como obter confiança e produzir concisão com qualidade? Bem, confiança não tem segredo, é resultado de tempo, convívio e credibilidade, não há fórmula para chegar lá. Por outro lado, para obter qualidade na concisão, tenho várias sugestões.

A frase que se segue, atribuída ao grande e bem humorado escritor americano Mark Twain (1835-1910), é uma das minhas preferidas e aborda de forma brilhante a questão de qualidade e concisão.

Eu não tive tempo de escrever uma carta curta, portanto escrevi uma longa no lugar.

Ou seja, fazer o conciso toma muito mais tempo, pois exige reflexão. Quanto mais concisão, mais dificuldade para se chegar lá. Mas não se atinge concisão com qualidade usando fonte tamanho quatro, espremendo frases ou falando rápido. Em outras palavras, não concebemos ou criamos conteúdo de forma concisa, mas podemos chegar à síntese se nos esforçarmos para isso. Avalie bem aquela pessoa que chega à concisão em um estalar de dedos, você pode estar à frente de um preguiçoso e enrolador.

Depois de tantos anos trabalhando voltado para a concisão, sinto-me absolutamente à vontade para brincar com meus clientes em potencial que, se não acreditam na frase, "menos é mais", não há como me contratar, pois certamente não pagarão o preço. Já houve vezes em que fui convidado a participar de trabalhos onde me pediram cotação "por slide" e, claro, sempre me neguei, aliás jamais entendi o conceito. Pelo contrário, às vezes fico debruçado com meus clientes horas para fecharmos em poucas linhas o que eles querem expor, simplesmente porque meu princípio é rigorosamente "o mínimo possível de slides para que a mensagem seja compreendida". Já houve até o caso de algum cliente querer atrelar o número de slides a um determinado tempo de apresentação, ao que sempre me neguei. Afinal, a quantidade de slides a ser empregada é uma decorrência e não um resultado de planejamento. Definitivamente não consigo aceitar alguém que relacione qualidade de conteúdo com centímetro quadrado!

No final de 2005, eu estava desenvolvendo um projeto de comunicação para uma multinacional operando no Brasil. Apesar do meu trabalho ainda estar em desenvolvimento, os executivos dessa empresa haviam assimilado fortemente os princípios que defendo, e prepararam sozinhos uma apresentação para o CEO de um grande banco, só que muito mais curta do que normalmente faziam. Quando acabaram de fazer a exposição, aquele CEO perguntou enfaticamente: "Mas é só isso?" A reação imediata foi negativa, de insegurança. No entanto, quando eles confirmaram que era só aquilo, o interlocutor deu um sorriso e falou: "Obrigado!" Demos muitas risadas quando me contaram esse fato, mas na reação daquele líder estava contida toda a essência do que espero transmitir com este livro.

Outro ponto sobre a concisão que merece comentários é a percepção errônea de que apresentação é a parte mais importante de um encontro ou o único elemento importante a preenchê-lo. Muitas vezes uma pessoa tem 30 minutos para fazer uma exibição, ocupa integralmente esse tempo e é obrigada a ir embora porque seu tempo expirou. E o que pensa o lado de lá? Quais são suas sugestões e contribuições? Para mim, é na troca de idéias que o encontro acontece de fato. Portanto a regra é ser o mais breve e objetivo possível na apresentação, de forma a deixar o máximo de espaço de tempo possível para uma saudável troca de idéias e opiniões.

E tem mais, tudo que está na apresentação nos compromete, pois está escrito, documentado. Por outro lado, tudo o que não está na apresentação e é apenas conversado, além de não nos comprometer, nos deixa toda uma liberdade para, com bastante tato e sensibilidade, mudarmos a forma de conduta conforme observamos o andamento de uma reunião.

Relato aqui um caso bem ilustrativo do quanto às vezes é importante não formalizar por escrito as nossas expectativas. Em uma apresentação, cujo objetivo era obter a aprovação da audiência para patrocinar um evento, meu cliente insistia em expor os valores desejados. Concordo que uma audiência tem essa expectativa, mas por que formalizar (e gerar comprometimento)? No curso de uma reunião, o feeling é tudo. Perante um objetivo de, digamos, R$10 milhões, podemos sentir que há perspectivas concretas para pleitear-se R$12 milhões, ou então seria mais prudente somente R$8 milhões. Basta colocar em prática o critério da oportunidade e colocar verbalmente no momento certo. Vivenciei inúmeras situações como essa.

Se existem dúvidas quanto à reação da audiência a um determinado ponto ou questão, melhor não expô-lo de forma explícita no PowerPoint e, assim, ganhar flexibilidade para lidar com o tema, conforme as cartas forem sendo jogadas na mesa durante a conversa.

Essa prudência é questão de puro bom senso. Como exemplo, vou relatar um caso de que participei recentemente. Fiz um *global meeting* para 2 diretores recém-empossados de uma empresa. Eles conheciam muito pouco seus chefes matriciais no exterior, e aquele seria o primeiro encontro após a contratação. Eles tinham muitas dúvidas ainda quanto à posição de seus superiores em relação a diversos pontos. Além disso, um desses diretores que eu estava atendendo tinha intenção de mudar radicalmente o time no Brasil. Mas, qual era a posição do chefe em relação a isso? Imagine o que aconteceria se esse diretor tivesse colocado claramente em seu PowerPoint a proposta de substituir todo o time e, durante o cafezinho do intervalo, logo antes da sua apresentação, seu chefe comentasse que achava a equipe brasileira extremamente competente? Ele estaria seriamente em maus lençóis. Por outro lado, se estivesse administrando esse tema delicado exclusivamente em sua cabeça, era só não propô-lo naquele momento, e aguardar ocasião mais propícia para defender essa sua visão. Em resumo, nesse trabalho, face à condição acima descrita, trabalhamos horas e horas a fio, e um deles fez a apresentação com meia dúzia de slides apenas. Entretanto, a estruturação lógica de tudo o que eles esperavam obter estava bem nítida na sua cabeça, e era só esperar para ver como as coisas se dariam durante o encontro.

Ninguém irá duvidar que a inteligência humana, estruturada e organizada, é muito mais eficiente do que o PowerPoint.

Como mencionei anteriormente neste capítulo, a reflexão é o ponto de partida fundamental na preparação de uma boa apresentação. Para tanto, precisamos superar barreiras, pois o mundo que nos rodeia nos afasta da concentração e nos estimula à reação. Procure se lembrar quando foi a última vez que você pôde ficar uma hora trabalhando sem ser chamado pelo chefe, sem ter entrado um e-mail, sem ser interrompido pelo chamado do celular ou de um telefonema interno da empresa ou mesmo uma ligação de casa. Tenho certeza de que você não vai conseguir mais localizar quando foi esse momento raro.

Um artigo publicado no jornal *O Estado de S.Paulo* de 23 de julho de 2006 traz um levantamento realizado por Gloria Mark, professora da Universidade da Califórnia, junto a trabalhadores do conhecimento. E esse estudo constatou que eles são interrompidos a cada 11 minutos. E que esses 11 minutos são divididos em períodos menores, com cerca de três minutos, para tarefas como responder e-mails, consultar a Internet ou trabalhar em um texto ou planilha. O mais importante, entretanto, é que depois de interrompida, a pessoa leva 25 minutos para voltar ao projeto em que estava primordialmente envolvida. A partir desse momento, na minha opinião, devemos somar um segundo efeito, resultante da perda de concentração e retorno ao tema com a mesma profundidade e abstração antes da interrupção.

Esse excesso de interferências acaba nos levando a reagir. Só que a capacidade de reação rápida e precisa sem dúvida é, de fato, uma qualidade, mas para funções mais operacionais. Já quando se trata de aprimorar, criar, inovar, uma atitude mais introspectiva e reflexiva é fundamental. Reflexão está muito mais atrelada a comprometimento que dedicação, mas comprometer-se com algo não tem nada a ver com o tempo que dedicamos a um trabalho, e sim com a intensidade com a qual o fazemos, e isso é uma questão de atitude pessoal.

Veja o que diz Eugene O'Kelly, o falecido ex-CEO mundial da KPMG, uma das quatro gigantes do ramo de consultoria nos Estados Unidos, no livro *Claro como o dia*. Detalhe: ele escreveu esse livro assim que descobriu que teria apenas 100 dias, dado um câncer terminal.

"Compromisso passou a significar confiabilidade, a garantia da presença e a promessa do retorno... Na verdade não se trata de tempo. Nem de confiabilidade ou previsibilidade. Compromisso tem a ver com profundidade. Com esforço. Com paixão. Tem a ver com querer estar em determinado lugar e em nenhum outro. É claro que o tempo faz parte; seria ilógico e ingênuo achar que não... Quando cheguei a tal conclusão, senti como se descobrisse algo. Eu não podia controlar o tempo. Meu controle sobre que o que me cercava era apenas parcial. O que estava sob o meu controle era a minha energia. Como distribuí-la? Como usá-la ao reagir a influências externas?"

Como então driblar essas inconveniências, essas interrupções a que somos submetidos a toda hora? Como fugir da aparente necessidade de fazermos muitas coisas ao mesmo tempo? Como escapar da perda de produtividade decorrente de tantas solicitações?

Este livro é um bom exemplo. Foi escrito aos poucos, ao longo de meses, conforme eu tinha disponibilidade de tempo e a devida tranqüilidade. Mas nesse percurso todo me ressenti do fato de que esses intervalos me obrigavam a recuar e reler trechos já prontos para atingir uma abstração capaz de voltar a concatenar as idéias para retomar o ponto em que havia parado. Ao passo que, nas raras oportunidades em que consegui me debruçar sobre a tarefa dois ou três dias diretos, o ganho de produtividade e qualidade foi exponencial.

Como mencionei anteriormente, não há fórmula para chegar-se à reflexão, uma vez que se trata exclusivamente de uma postura pessoal.

O que posso garantir é que o exercício da reflexão é a única forma de chegar à concisão com qualidade. Isso significa desligar o celular, não olhar e-mails a cada cinco minutos (outro dia li em algum lugar que 55% das pessoas param o que estão fazendo para ler e-mails que entram). Não é à toa que Thomas L. Friedman, famoso colunista de assuntos internacionais do *The New York Times* e autor do livro *O mundo é plano*, declarou numa entrevista à revista *Veja*, em 14 de dezembro de 2005, que programou seu celular para nunca receber chamadas. Disse ele: "Não gosto de ser interrompido enquanto penso". Acho que ele está cheio de razão. É tudo uma questão de atitude!

Lembro-me de um caso bem emblemático disso, que ocorreu, certa vez, durante uma grande reunião com toda a diretoria de uma empresa cliente, líder mundial em sua atividade. Nosso objetivo era prepararmos uma reunião global que aconteceria naqueles dias. O curioso é que, à exceção de meu time, do próprio CEO local e de outros dois participantes, todos os demais estavam conectados na Web e/ou celular. Em uma determinada hora percebi que nenhum desses estava prestando atenção na reunião, todos estavam ocupados com outros assuntos, e só participavam quando eram questionados sobre um tema de sua área. Aí interrompiam o que estavam fazendo e respondiam, voltando em seguida ao que estavam fazendo. Resultado: as únicas contribuições de qualidade vieram dos três únicos que estavam com atenção total ao assunto. Aliás, tempos depois um deles se tornou o novo CEO da empresa.

Matéria publicada no jornal *O Estado de S. Paulo* de 1 de novembro de 2006 nos revela que Linda Stone, ex-diretora de pesquisa da Microsoft, vem trabalhando o conceito de CPA (Continuous Partial Attention – Atenção Parcial Contínua). E essa pesquisadora nos alerta para o fato de que quanto mais impulsionados estivermos pelo desejo de pertencermos à rede, mais nos desconectamos da realidade que nos envolve. O resultado disso é que acabamos lidando simultaneamente com múltiplas frentes, só que de forma totalmente superficial. E aí, adeus reflexão e qualidade.

Para Linda Stone, a Atenção Parcial Contínua (APC) é uma atitude pós-Era Multitarefa cujo objetivo maior é ganharmos produtividade e eficiência, mas que traz embutido o desejo de pertencer à rede. Estar com APC significa manter um item prioritário em foco e constantemente escanear a periferia, caso algo mais importante surja no contexto, sempre motivados a não perder oportunidades. Migramos de valorizar produtividade para valorizar comunicação. E, nessas condições, nossa atenção fica em qualquer lugar, menos no espaço físico que ocupamos. "Estar sempre ligado, em qualquer lugar e a qualquer momento cria um estado artificial de crise constante que mexe com nossa adrenalina e nos desgasta", diz a pesquisadora.

Uma pesquisa recente da Isma-BR (International Stress Management Association), braço brasileiro da entidade internacional voltada à pesquisa e ao desenvolvimento da prevenção e do tratamento de stress no mundo, revela o drama e a insegurança que o ato de desplugar gera nas pessoas. Para se ter uma idéia, o estudo revelou que 38% dos executivos já têm falta de vontade ou medo de tirarem férias! Ou como disse, um dia, um cliente: "eu não faço mais parte da minha agenda!"

Saímos da era de *criar* oportunidades para a de *explorar* oportunidades, e isso está nos desgastando demais. Portanto, agora é a hora de ingressarmos na Era do Discernimento, onde filtros e o sentido ocupem maior lugar. Ou como afirma Linda Stone: "Precisamos do discernimento para definir o que realmente necessitamos e para onde focar nossa atenção, afinal, atenção é nosso recurso mais escasso e valioso, e o que fazemos com ela é o que nos define."

O mundo ao nosso redor está beirando a insanidade e você deve se vacinar contra tudo isso. A matéria que se segue não saiu de uma publicação de humor, mas sim no jornal americano *Wall Street*. "Com um aparelho de e-mail portátil Blackberry, dois celulares, três computadores no escritório e telefone sem fio para seu carro, Greg Shenkman, CEO da Genesys Telecomunications, nunca se afasta do trabalho. Mas, recentemente, transpôs a última fronteira da produtividade: seu banheiro! Quando ele responde ao viva-voz no banho, a água desliga automaticamente. E ele já deu os toques finais em um computador à prova d'água que lhe permitirá responder e-mails da sauna." Mais adiante o artigo menciona como diversos outros executivos estão seguindo o mesmo caminho.

Como diz a psicóloga e socióloga francesa Nicole Aubert, autora de *Le Culte de L' Urgence – La Société Malade du Temps*, "a sociedade imediatista em que nos tornamos subverte qualquer ritmo humano de reflexão e tomada madura de decisões. Nesse contexto, quando tudo se torna urgente, nada mais é urgente".

Existem visões controversas sobre esse tema. Vale a pena comparar as mensagens dos livros *Devagar*, do jornalista e escritor holandês Carl Honoré, e *Acelerado*, do canadense e também jornalista e escritor James Gleick. Faça sua opção. Eu adotei o primeiro, não no sentido da velocidade, mas como meio de atingir profundidade e, em decorrência, qualidade. É forte a analogia que Honoré faz com a história da corrida da tartaruga e da lebre, pois também acredito que o fato de você ir mais devagar não significa que você vai chegar depois.

Simplicidade

Simplicidade é a arte de tornar claro o que é complexo, é poder fazer menos do que não interessa, e mais do que interessa.

A simplicidade funciona porque está embasada na natureza humana e no bom senso, não na lógica corporativa.

BILL JENSEN

Saber expressar as idéias com eficiência e simplicidade é um valor cada vez mais valorizado no mercado, e particularmente a razão de ser da minha atividade. Só que o simples, à semelhança do conciso, também demanda esforço.

Uma pesquisa realizada pela holandesa Philips, uma das maiores fabricantes de equipamentos eletrônicos do mundo, revelou que 30% dos produtos domésticos são devolvidos porque as pessoas consideram seu uso muito complicado. Diante disso a companhia elegeu a simplicidade como lema e criou o programa "Bom Senso e Simplicidade". O objetivo é criar produtos avançados e mais fáceis de operar. E a Philips tem bases sólidas para agir assim, pois segundo Paul Zeven, CEO da empresa nos

Estados Unidos, pesquisas realizadas por ela sobre produtos com tecnologia revelaram:

- 2 em cada 3 americanos perderam interesse devido à complexidade de operar esses produtos;
- somente 13% acreditam que eles são simples para usar;
- somente 25% usam todos os recursos disponíveis de cada aparelho.

O obstáculo maior é vencer a percepção do consumidor de que, quanto mais complicado ou mais botões um produto tiver, mais ele vale. Quem combate com categoria esse tipo de idéia ultrapassada é o designer gráfico e cientista da computação John Maeda, professor do Massachusetts Institute of Technology. Dê uma espiada em seu famoso blog *Simplicity* (http://weblogs.media.mit.edu/SIMPLICITY/) e veja como ele é sensato quando diz:

Simplicidade é subtrair o óbvio e adicionar o que faz sentido.

O sucesso da Apple só confirma essa tendência. Steve Jobs, co-fundador da empresa e executivo que ganhou notoriedade por levar a cabo uma política industrial que valoriza a inovação e o design de seus produtos, é o primeiro a reconhecer que o segredo do seu sucesso está na simplicidade, totalmente reconhecida e valorizada pelo consumidor. Tanto que ficou famosa a pergunta, via e-mail, que certo dia Bill Gates, o presidente da Microsoft (e maior concorrente da Apple), inconformado, perguntava a Joe Belfiore, o responsável pelo Windows Media Center: "Por que o controle da Apple no projeto Front Row tem apenas seis botões, enquanto o controle do nosso Media Center da Microsoft tem 39?" E isso saiu no *Wall Street Journal*.

Se na indústria, a simplicidade vem ganhando cada vez mais importância, na Comunicação ela é cada vez mais fundamental, uma vez que o seu objetivo é facilitar a absorção da mensagem. Um público saturado de informação, com déficit de atenção e escassez de tempo, não está predisposto a absorver mensagens complexas, difíceis de entender. Coisas complexas não são explicadas via complexidade, mas sim com uma série de fatores simples, associados claramente entre si.

Simplicidade, esta é a regra do jogo. Desconfie sempre quando começam a lhe pintar um quadro muito complexo de determinada situação empresarial e de negócios. Reduza tudo à sua forma mais simples e terá metade do caminho andado.

JACK WELCH

Para mim, um novo e grande referencial desse tema é o Google, cuja página inicial é a verdadeira representação da simplicidade: um fundo branco e uma linha a preencher. Mas note: aquilo tudo é simples para nós, os usuários, porque o que há por trás é profundamente complexo. Cada vez que fazemos uma consulta, apesar de recebermos a resposta em poucos segundos, rodam milhões de variáveis priorizando bilhões de páginas na Web! Isso leva a uma conclusão importante: não é nada simples chegar à simplicidade; em outras palavras, chegar à simplicidade é complexo. A tecnologia mais simples de usar não é necessariamente a mais simples de criar.

Um dos fundadores desse império, Sergei Brin, reconhece em uma entrevista para a *Business 2.0*, de dezembro de 2006, que "simplicidade foi uma das razões das pessoas migrarem para o Google no começo". Essa simplicidade transformou não apenas a busca, mas a forma do ser humano se relacionar com a informação e a máquina desde que Steve Jobs lançou o Macintosh, em 1984. Por ironia, num ambiente cada vez mais infestado de imagens, sons, vídeos, ícones e artes gráficas, essa revolução está baseada somente na palavra escrita. Observe que os anúncios do Google, sua principal fonte de receita, não contêm imagens, e procure imaginar o valor desse espaço publicitário dessa página visitada por milhões de pessoas diariamente e no mundo inteiro.

Verdadeira guru da simplicidade, Marissa Mayer é a responsável pela página inicial do Google, e admite francamente que defende esse espaço dos que tentam tumultuá-la dizendo: "Eu sou a guardiã. Tenho que dizer não para muitas pessoas." Ela costuma fazer um paralelo entre a complexidade de funções e a simplicidade de design desse site de busca: "O Google tem a funcionalidade de um complicado canivete Swiss Army, mas a home page é nossa forma de apresentá-lo fechado. É simples, elegante e você coloca com facilidade no seu bolso, mas tem a grande solução embutida quando você necessita. Muitos dos nossos competidores são como o Swiss Army aberto – e isso pode ser intimidador e causar danos."

Por isso penso que o Google talvez deva ser sempre lembrado quando vamos preparar uma apresentação. Temos que atrair e impactar a audiência, poupando-a de ouvir toda a complexidade e dificuldades que enfrentamos até chegar ali. Nossa obrigação é transmitir uma experiência simples, fácil de absorver e entender. Resumindo, não é preciso compartilhar o desenvolvimento do raciocínio, mas apenas expor os resultados produzidos por ele. É outro jogo!

Mais que facilitar o entendimento, a simplicidade tem outra função vital: retenção de conhecimento. Além do déficit de atenção mencionado anteriormente, o excesso de informações está criando uma enorme dificuldade nas audiências em reter informações. Isso significa que se você deixar um relatório de 100 páginas sobre seu tema com o tomador de decisão, podem acontecer duas coisas:

- Primeira (e mais provável), ele não vai ler.
- Segunda, ele vai ler superficialmente, mas não vai reter (afinal você não é o único, outras pessoas estão deixando material com ele).

Faço muitos encontros com times locais a fim de preparar exposições para os responsáveis globais. Sempre fico imaginando esses homens viajando permanentemente o mundo inteiro, enfrentando fusos horários devastadores, e recebendo, em cada lugar que visitam, quilos de papel. Não dá para reter mesmo.

Uma boa solução é criar "ilhas de conhecimento", ou seja, um material extremamente resumido e, se possível, fortemente visual, cuja leitura remeta ao todo. Caso o interlocutor deseje se aprofundar em algum ponto, terá como verificar todos os dados relativos a ele no relatório detalhado. Essas "âncoras visuais", quando utilizadas ao longo da exposição, também ajudam a organizar e simplificar a absorção da mensagem por parte da audiência.

Vou encerrar este capítulo com dois artigos. O primeiro, publicado no *The New York Times* de 27 de setembro de 2005 faz menção a um consultor de comunicação, Carmine Gallo, que instrui seus clientes na posição de CEOs a não terem mais que doze slides para uma hora de apresentação e sete palavras por slide.

O segundo artigo, intitulado "Desate o nó da complexidade", de Jack Sterenberg. Nele o autor associa Tecnologia da Informação (TI) à simplicidade a partir de uma suposta lenda no século III a.C., que dizia que quem conseguisse desmanchar o famoso enrosco de cordas feito pelo Rei Górdio, conquistaria a cidade, altamente fortificada. Aspirantes passavam dias tentando sem sucesso, até que chegou Alexandre o Grande. Com uma abordagem genial e simples, Alexandre teria cortado o nó com um só golpe de espada, conquistando em seguida não apenas a cidade, mas o mundo. Para pensar...

CAPÍTULO 4

Conhecimento, a base de tudo

Vou ilustrar este ponto com uma história atribuída ao pintor espanhol Picasso, que se não for verdadeira, vale como exemplo do mesmo jeito. Segundo me contaram, um admirador pediu a Picasso que fizesse um desenho, o que foi realizado em um minuto. O tal fã perguntou o preço. Picasso teria respondido US$ 1 milhão. "Mas US$ 1 milhão por algo que só tomou um minuto de trabalho?", perguntou surpreso o fã do artista. "Não", respondeu Picasso, "levou 30 anos para ser feito!" Esse caso pode não passar de uma lenda, mas é sabido de todos que esse grande artista sempre afirmou ter levado toda a vida para saber pintar como uma criança. Isso é boa definição do que é o conhecimento.

Quando se fala em apresentação empresarial, o conhecimento é matéria-prima fundamental. E será ele, cada vez mais, o diferencial competitivo entre pessoas, empresas e nações. Mas nem sempre é fácil compreender exatamente o que é conhecimento. Uma primeira forma de entender é: o dado trabalhado gera informação. Ou como diz Peter Drucker, o filósofo e administrador austríaco que, mesmo nascido no início do século passado, é considerado o pai da Administração Moderna:

Informações são dados endossados por relevância e sentido.

Evoluindo, podemos ainda dizer:

A informação interpretada gera conhecimento.

E o conhecimento vivenciado se torna sabedoria.

A melhor abordagem sobre conhecimento que vi até hoje e que explica como ainda estamos nos primórdios quanto à sua utilização está num artigo assinado por Bill Gates chamado "The road ahead", publicado na edição especial "A Revolução do Conhecimento" da revista *Newsweek* em dezembro de 2005. Nele, Gates diz que a maior parte do que temos até agora é, na realidade, apenas informação: dados, fatos e inteligência básica de negócios. Conhecimento em si é mais profundo.

Em outras palavras: o acesso a dados e informações já é e será cada vez mais totalmente democratizado, acessível a todos como um simples bem consumível. O diferencial competitivo estará, como diz Gates, na interpretação altamente qualificada desses dados e informações, o que nos capacitará a desenvolver melhores produtos, serviços e ações.

Conhecimento é informação, combinada com experiência, contexto, interpretação e reflexão.

TOM DAVENPORT, GURU DE GESTÃO

Talvez por isso um outro artigo dessa mesma edição da *Newsweek* levante o fato de que tanto o Google, como o Yahoo e a Microsoft, apesar de serem, de fato, maravilhas da engenharia, não sejam eficientes quando se trata de converter na Web informação em conhecimento. Isso porque as buscas na Web se processam por algoritmos, um processo puramente matemático. Já o processo humano de pensar é diferente, exclusivo, não acessível a máquinas, é movido a discernimento.

Quer um exemplo disso? Digite no Google, por exemplo, "médico de pulmão" e em seguida "qual o melhor médico de pulmão". A única diferença é que aparecerão certos sites de médicos de pulmão que têm a palavra "melhor" em sua descrição. Por exemplo: "o melhor caminho para chegar ao nosso consultório é pela Av. Paulista" ou "é melhor chegar com 30 minutos de antecedência nas consultas". Ou seja, a máquina não consegue usar de discernimento no processo de busca, e é o julgamento do usuário que decidirá quais dos sites recomendados se encaixam em sua expectativa.

E já tem gente sentindo que esse é um negócio em potencial. Tanto que uma empresa americana "humanizou" a busca no Google contratando centenas de pessoas que realizam, a partir de suas casas, a busca para o usuário em prazo rápido. Ou seja, o usuário preenche a linha colocando o que deseja pesquisar, mas quem recebe esse pedido é um ser humano que acabará usando do famoso discernimento na busca. E parece que está funcionando...

Veja o que diz sobre isso o artista plástico italiano Nanni Balestrini em uma entrevista feita pelo jornal *O Estado de S. Paulo*: "As novas tecnologias produziram um excessivo incremento da circulação da palavra, uma inflação de comunicação, tanto oral quanto escrita, e contra isso a literatura tem de lutar, hoje. Não creio que os novos suportes eletrônicos possam modificar a natureza da arte da palavra, como, aliás, não aconteceu substancialmente no passado, por exemplo, com a invenção da imprensa. Se há novas possibilidades na evolução da música e das artes visuais, isso ocorre porque o som e as imagens são digitalizáveis, decomponíveis em unidades mínimas, enquanto a palavra tem a soleira do significado que não se pode superar. Mas os significados não são quantitativos, portanto não são digitalizáveis, e isso afasta a influência nociva do meio eletrônico na esfera da palavra. Penso então que, no que diz respeito à palavra, o meio não é a mensagem".

Costumo contar uma história que ajuda a esclarecer o que, afinal, é o conhecimento. Imagine-se num belíssimo Porsche, último ano, conversível, dirigindo-se a uma cidade desconhecida. Em determinado momento, você vê um velhinho andando ao lado da estrada. Você pára e pergunta: "Senhor, existem caminhos alternativos para chegar-se à cidade? O velhinho responde: "Sim, existem 4 estradas". Aí você quer saber: "Mas as distâncias são iguais?" Ele responde: "Não, uma tem 100km, outra 150km, outra 180km e a última 210km. Intrigado, você pergunta de novo: "Mas as estradas são iguais, o que as distingue?" Ao que ele responde: "Bem, na primeira você verá paisagens lindíssimas, montanhas nevadas, lagos etc. A segunda é uma buraqueira só, toda de terra, boa para fazer um rali. A terceira é a mais nova da região, uma via expressa recém-inaugurada. E a quarta beira o litoral."

Até aqui você e o velhinho estão transitando na seara dos dados e informações. A coisa muda de figura no momento em que você pergunta ao velhinho: "Qual estrada o senhor tomaria?" E para sua surpresa, ele responde: "A de terra, cheia de buracos." Aí você obviamente quer saber: "Mas por que justamente esta?" E ele responde: "Porque é a única segura da região, pois existem muitos assaltos nas demais". Nesse momento, o que o velhinho instantaneamente forneceu foi conhecimento. Ao fazer a pergunta, você se beneficiou de toda a experiência de vida e da região que o velhinho tinha e chegou a uma decisão que provavelmente você jamais tomaria.

Esse exemplo pode ser inserido no contexto do mercado corporativo. Afinal, você vivencia cotidianamente esses dados e informações no desempenho de suas atividades ao longo da sua vida profissional, e naturalmente vai refletindo e lapidando idéias sobre esses temas. A passagem do tempo é benéfica, pois ela faz com que você vá criando, aos poucos, as tais "ilhas de conhecimento". E é esse conhecimento que deve obrigatoriamente alimentar suas exposições de idéias no trabalho, só que de uma forma sintetizada, resumida e bastante apurada.

Fazer isso acontecer é extremamente simples. Recolha-se sozinho em uma sala, apenas com uma caneta e folhas de papel em branco. Só lhe restará seu conhecimento para alimentar a folha. Afinal, como dissemos anteriormente, a reflexão é o melhor caminho para qualidade de conteúdo. Depois que você colocar o conteúdo desejado na folha branca, aí sim, vá buscar *seletivamente* dados e informações que faltam para sustentar suas colocações. Nesse ponto, é fundamental fazer um alinhamento, vendo se conferem todos os dados, informações e afirmações nele contidos. Essa etapa do alinhamento é de suma importância, pois como é realizada com bastante antecedência, evita um vexame na hora da exposição.

No começo da Baumon – sem exagero –, nove entre dez clientes colocavam-me na mão pilhas e pilhas de papel para fazer o trabalho. Ingenuamente, eu lia o material. Perdia horas e cobrava horas do cliente perdendo competitividade. Até que me conscientizei de que a pessoa que me encaminhava o material estava muito mais familiarizada com ele do que eu. Que milagre eu poderia fazer lendo tudo aquilo, se era ela que reunia condições superiores de saber o que era melhor para a empresa naquele momento e naquelas condições? Resultado: mudei o procedimento radicalmente. Passei a não absorver mais dados e informações no briefing inicial e, desde então comecei a iniciar o trabalho perguntando para meu cliente: "O que você quer dizer com todo este material?" A resposta está sempre lá. Ou seja, tornei-me um extrator de conhecimento em vez de uma analista de dados e informações. Essa mudança de processo aumentou drasticamente nossa produtividade. Se naquela época fazíamos quatro trabalhos por mês, agora temos capacidade de cumprir até trinta projetos. Bom para nós, melhor para os clientes.

Mas o ser humano só consegue tamanha assertividade com bastante disciplina e introspecção. Em meu trabalho vejo quão nítida é a diferença na qualidade dos trabalhos quando meus interlocutores se fecham por horas comigo sem interrupções de qualquer tipo. Aprofundamo-nos, discutimos, revisamos, mudamos e ajustamos o tema em pauta. Por isso não tenho dúvida de que a capacidade de refletir será um diferencial competitivo em um futuro que já se descortina. Tanto que já tem gente importante incorporando espaço para reflexão como um princípio básico de atuação. No Google, por exemplo, os colaboradores são incentivados a dedicar 20% do seu tempo para pensar em iniciativas para melhorar a empresa, que vem se transformando em um verdadeiro mar de criatividade, o que é altamente valorizado pelo mercado.

> ***Pensar é o trabalho mais árduo que existe, por isso tão poucos se dedicam a fazê-lo.***
>
> HENRY FORD

E tanto existe espaço no mercado para a criatividade que o publicitário norte-americano Joey Reiman foi na contramão do mercado; fechou sua agência de propaganda e abriu, em 1995, uma casa de idéias, a Bright House, a primeira especializada em criar e vender idéias para os negócios e ideologias para as grandes empresas, atendendo esse nicho das organizações "não pensantes". Em seu livro *Idéias – Como usá-las para renovar seus negócios, sua carreira e sua vida,* ele conta como é possível ter mais de 50 pessoas a seu serviço, numa equipe composta por sociólogos, psicólogos, antropólogos e filósofos, pagas somente para refletir. Sua tarefa é ajudar a repensar marcas e criar valores com os quais o consumidor se identifique – tudo em troca de milhões de dólares. Entre seus clientes estão Nike, Coca-Cola, Delta Airlines etc.

CAPÍTULO 5

Preparando-se em 5 passos

Até aqui conceituamos qual é o novo cenário do mundo dos negócios, o que é preciso ter em mente na hora de preparar uma apresentação e os melhores atributos de uma exposição de qualidade. Agora é a vez de se saber como fazer uma apresentação ou exposição de idéias eficiente e convincente, como iniciar esse processo de comunicação de forma a atingir os objetivos.

O primeiro passo é colocar o PowerPoint no seu devido lugar, pois como vimos anteriormente, o papel dessa ferramenta não é o ponto de partida de nenhum processo de comunicação. O PowerPoint é o *design* do conhecimento, sua função primordial é viabilizar a associação de formas a idéias, para torná-las mais facilmente absorvíveis pela audiência. Portanto, ele nada mais é do que a expressão de algo que já deve estar pronto, e existe para ser usado apenas no final. Minha opinião é de que ele é responsável por apenas 10% do sucesso de um encontro. Os outros 90% dependem da qualidade do conteúdo e de sua estruturação, e isso só a mente humana é capaz de produzir.

Assim, listo aqui os cinco primeiros passos que devem ser observados antes de começar a montar sua apresentação. Ou seja, uma preparação inicial.

PASSO 1: Desplugue-se: raciocínio é o que vale

A arquitetura do conhecimento, o raciocínio mais puro. É exatamente aqui que a coisa acontece. Esqueça, portanto, softwares e hardwares, e comece dando o primeiro grande passo desligando-se de tudo (celular, e-mails, telefone etc). Não se dedique a esse momento, *comprometa-se*! Ou seja, assegure-se de que toda sua energia esteja voltada para esse momento.

O exercício de pensar deve ser abrangente e voltado para o horizonte mais amplo possível. Gosto de uma frase do russo Garry Kasparov, o ex-campeão mundial de xadrez, sobre este tema:

"É importante ter distanciamento para olhar o jogo inteiro, uma visão panorâmica que permita traçar estratégias. Poucos conseguem virar esta chave".

Para ele, o bom jogador não é aquele que trabalha focando em pontos distintos do tabuleiro, mas sim, aquele que simbolicamente dá um passo para trás para visualizar o tabuleiro inteiro, e esse é um bom ensinamento para o mundo corporativo.

Muito bem, você se sentou sozinho em uma sala para preparar sua exposição sobre algo importante. Apenas você, algumas folhas de papel em branco e uma caneta. Grande começo!

Nada há de mais profundo e de criador do que uma nova idéia a gotejar na ponta de uma caneta.

MIGUEL REALE,
FILÓSOFO, JURISTA, EDUCADOR, POETA E ESCRITOR

PASSO 2: Elimine o desnecessário

Como explicado anteriormente: não perca tempo expondo sua dedicação ao projeto ou o domínio profundo que detém sobre o tema. Isso, além de economizar um bocado de tempo e slides, não interessa a ninguém.

Caso você se sinta tentado a "apresentar" a sua empresa, afaste de uma vez por todas o estilo ultrapassado, mas ainda seguido por tantos profissionais pretensamente modernos. Lamentavelmente, até hoje, é muito comum executivos de grandes empresas iniciarem suas apresentações assim: "Bom-dia, nossa empresa atua globalmente em tantos países, tem receitas de tantos milhões de dólares, tantos funcionários. Nossa missão é... Nossos princípios são...", e por aí afora. Agora, responda com sinceridade: Você conhece algo mais chato que isso? Essa conduta, ao invés de despertar nossa atenção, dá um sono tremendo!

Por isso vivo insistindo que o objetivo da abertura é deixar claras as nossas intenções e, assim, impactar positivamente a audiência.

PASSO 3: Evite utilizar jargão e lugar-comum

Diferenciais competitivos sustentados são o sonho maior de todo dirigente de empresa, mas isso nada tem a ver com palavras bonitas, e muito menos com jargões e frases de efeito surradas. Se sua intenção é atrair a atenção de um interlocutor ou de uma audiência para os seus argumentos, o que importa é uma apresentação consistente e inteligente.

A revista *Exame*, em uma edição de julho de 2005, apresentou uma matéria sobre esse assunto, inspirada no livro *Why business people speak like idiots* (*Por que pessoas de negócios falam como idiotas*, da editora Best Seller) dos americanos Brian Fugere, Chelsea Hardaway e Jon Warshawsky; tema, aliás, repetido pela *Veja* em julho de 2007. Em um de seus trechos, a matéria diz: "Basta entrar numa empresa para ouvir uma língua com muitas palavras e que não diz nada". E dá exemplos bons e divertidos de frases como estas que freqüentemente ouvimos:

- "Com foco no cliente nossa equipe estará gerando resultados e agregando valor."
- "Precisamos adotar as melhores práticas. Mas com foco no cliente? É claro! Sem isso perderíamos nossa vantagem competitiva, afetando o *bottom line* no longo prazo. Mas, se não nos alinharmos às stakeholders, vamos deixar de estar agregando valor ao negócio."

E os autores da matéria comentam: "Se você não percebeu que esta conversa é apenas um amontoado de jargões gastos, palavras vazias e frases sem o menor sentido, cuidado. Se essas expressões fazem parte do seu vocabulário, então, talvez o caso seja grave."

Em termos práticos: evite utilizar termos como "foco no cliente", "solução customizada", "flexibilidade", "agilidade", e assim por diante. Recentemente tive duas experiências que ilustram bem esse assunto. A primeira delas foi numa organização em que circulavam intensamente vários documentos internos onde se fazia menção a uma "gestão holística". Em determinado momento do briefing com oito pessoas perguntei: "Alguém pode me explicar o que, afinal, é uma gestão holística, porque eu não tenho a menor idéia?" E literalmente ninguém soube me responder. Em um caso mais recente, surgiram os termos "competências nucleares". Se algum leitor souber a explicação, por favor, escreva-me, pois o próprio autor da frase ao ser inquirido por mim não conseguiu...

A razão das pessoas ficarem repetindo à exaustão termos e expressões sem qualquer conteúdo foi o que levou a revista *Presentation* a citar uma pesquisa da Inglaterra e publicá-la na sua edição de abril de 2003. O resultado apontou uma razão bastante razoável para essa espécie de epidemia de besteirol corporativo: segundo o levantamento, 20% dos pesquisados admitiram que se sentiam pressionados a usar jargões para não se sentirem diferentes dos colegas.

PASSO 4: Vá direto ao ponto

O mundo hoje busca resultado, essa é a mola propulsora da economia e das empresas, não importa o lugar em que estejam. Vivemos os tempos do acionista cobrador, impaciente e infatigável, e isso se reflete em todos os níveis hierárquicos de uma organização. Hoje tudo é macro, e ninguém se contenta mais com crescimento, agora se almeja o crescimento acelerado. Lucratividade também não serve, é alta lucratividade. E por aí afora. Portanto, se você for fazer algum tipo de proposta, ela deve necessariamente atender a esses quesitos.

Na hora de estruturar sua apresentação, esteja convicto de que o que gerará convencimento serão pontos que assegurem resultados vindos de tópicos como inovação, produtividade, sinergia, rapidez ou controle etc. Se aqueles que decidem estiverem convencidos da sua visão, e, principalmente, se o que defendeu for levar a empresa a reduzir custos e aumentar receitas, você tem grandes chances de levar o negócio. Afinal, lucro é o principal fator que move o mundo dos negócios.

PASSO 5: Tangibilize resultados e/ou benefícios

Precisamos reconhecer que idéias, estratégias e serviços são de certa forma promessas cujo valor somente será atribuído quando for constatado o impacto causado por eles. Na Era do Conhecimento, a única forma de se mensurar e facilitar a compreensão da extensão do que estamos propondo numa apresentação é exclusivamente por intermédio dos impactos causados, e não por sua descrição. É somente quando se dá tangibilidade a esse impacto que entendemos e atribuímos valor a uma proposta.

Para defender a essência da proposta, você deve mostrar claramente todos os diferenciais competitivos diretamente relacionados a ela, de tal forma que fortaleçam sua argumentação. Melhor ainda se esses diferenciais garantirem uma sustentabilidade, uma perenidade da proposta colocada, porque de nada adiantam soluções oportunistas e voláteis, capazes de mudar para melhor a vida de uma empresa e daqueles que ela envolva apenas por pouco tempo.

Lembro-me de uma história divertida com um cliente. Toda a diretoria estava reunida e estávamos com dificuldade em definir os diferenciais competitivos da empresa. Em um determinado momento, um dos líderes falou: "Para mim, nosso diferencial competitivo é que somos incomparáveis". Bem, como ele era o sócio majoritário, todos os diretores ficaram quietinhos, exceto eu, que na posição de consultor, vi-me obrigado a soltar a famosa pergunta: "Por quê? Por que vocês são incomparáveis?" Ele pensou um pouco, deu uma risadinha e constatou: "O buraco é mais embaixo, certo?" Respondi: "Muito mais embaixo", propondo em seguida: "Temos um workshop na próxima semana com 100 executivos da empresa, vamos convocá-los a sustentar sua afirmação." Preparei formulários com a frase e espaço para cinco respostas com três linhas cada. Para encurtar a história, todos os argumentos foram derrubados durante o encontro, não aproveitamos nada, e tivemos que seguir procurando os tais diferenciais competitivos dessa empresa.

E essa companhia não é diferente das demais, pois estamos em um mundo no qual tudo é feito em massa, e efetivamente é difícil estabelecer diferenciais competitivos. Assim, apenas credibilidade e palavras bonitas não resolvem, pois no meio corporativo não faz mais nenhuma diferença você fechar um contrato com o Banco Real, o Bradesco ou o Itaú, pois todos têm indiscutivelmente altíssima credibilidade. Ou fechar um contrato de call center com a Comtax (Grupo Telemar), a Atento (Grupo Telefônica) ou o Grupo Algar. Descrever a empresa nesses casos, como disse anteriormente, é perda de tempo.

CAPÍTULO 6

Metodologia das 7 etapas

Até aqui mostrei como preparar o cenário e a si mesmo antes de começar a preparar sua apresentação, e os melhores caminhos para conseguir obter o impacto da audiência e a aprovação que deseja. Agora vou explicar a Metodologia das 7 etapas que utilizo, relembrando que não existe um único jeito certo de fazer isso, pois há diversas formas de estruturar uma mensagem a ser comunicada. Obrigatório é que a estruturação *faça sentido*.

Cada uma dessas etapas visa responder a uma pergunta, e o importante é que todas as sete questões sejam sempre respondidas sob a perspectiva da audiência com a qual você vai interagir.

Lembre-se de que perguntar faz parte do conhecimento, colabora para o aprofundamento das questões e torna as respostas mais palpáveis. Sempre que não entendo onde a pessoa quer chegar com determinada frase ou palavra, simplesmente pergunto. No entanto, infelizmente, a hierarquia no ambiente corporativo parece inibir o uso da expressão "não entendi", fazendo muitos se sentirem desvalorizados perante superiores ao insistir em saber a resposta mais de uma vez. Na verdade, perguntar várias vezes, quantas forem necessárias, faz parte do processo de formação do conhecimento, e quem mais dominar isso, mais vai conseguir se destacar na empresa e no mercado.

Tenha em mente que as perguntas certas são as indutoras do pensamento de qualidade. E observe como cada resposta encontrada conduz você, com bastante segurança, até a etapa seguinte.

Para que você consiga melhor assimilar esse método, vou usar um caso prático para ilustrar cada etapa da preparação da sua exibição:

1ª etapa: Onde você chegou?

Conclusão/Recomendação/Impacto

Digamos que você dirige a área comercial de uma empresa de serviços que quer oferecer a terceirização de serviços de cópia, fax e impressão. Pergunte-se: Qual é o impacto positivo que sua exposição vai causar no ambiente de atuação da sua audiência?

Então o slide de abertura deve ser bem claro:

> "Terceirizar cópias, fax e impressão produz benefícios importantes para sua empresa." Utilizando essa estratégia, em vez de dar sono na audiência, você estará provocando-a a desafiar você positivamente com a pergunta: "Por que terceirizar cópias, fax e impressão é um bom negócio para mim?"

A proposta de melhorar a vida da audiência deve necessariamente ter uma lógica. A sustentação desta lógica é a parte mais desafiadora da apresentação. Gosto de uma terminologia adotada por um dos meus clientes: *idea rationale*, ou seja, qual é o racional que sustenta sua proposta?

2ª etapa: Sua proposta faz sentido?

Racional da proposta

Relembro que a regra aqui é distinguir palavras bonitas (jargões) e promessas de coisas realmente tangíveis. Para isso, é necessário um exercício de "drill down", ou seja, de descer verticalmente em camadas, usando como força motriz a pergunta "Por quê?"

Digamos que você responda que sua proposta de terceirização dos produtos e serviços de cópia, fax e impressão vai:

- Reduzir os custos do cliente.
- Permitir que ele se dedique mais ao seu negócio principal.
- Eliminar a necessidade de investimento de capital.

Todas as três afirmações são indiscutivelmente atraentes, mas por enquanto não passam de promessas, pois precisam de mais sustentação. É necessário descer mais uma camada e esclarecer *por que* os custos serão reduzidos, *por que* será possível se dedicar mais ao *core business, por que* não será necessário capital. Imaginemos que você tenha as seguintes respostas:

Os custos serão beneficiados porque:

- Ganharemos *produtividade.*
- Reduziremos os *preços* de aquisição dos insumos.
- Reduziremos o *consumo* dos insumos.

O cliente terá mais tempo para se dedicar ao seu negócio principal, porque a gestão dos novos serviços será extremamente *simples,* demandando pouco tempo e dedicação por parte do contratante. E não será preciso investir capital porque todos os equipamentos necessários à prestação de serviços serão adquiridos através de leasing.

Muito bem, tendo essas respostas, como audiência eu me dou por satisfeito com a terceira explicação, pois, se realmente tudo for comprado via *leasing,* está claro que não haverá necessidade de dispormos de capital inicial.

Mas, por outro lado, as terminologias *maior produtividade, menor consumo, insumos a custos mais baixos* e *simplicidade* não me satisfazem. Persiste a pergunta "por quê?" em minha cabeça para cada um desses itens e, portanto, torna-se necessário descer mais uma camada. Imaginemos novamente respostas possíveis:

1. Haverá *ganho de produtividade* porque as máquinas antigas e obsoletas serão substituídas por equipamentos mais eficientes de última geração, que geram mais cópias por minuto e produzem menos perdas.
2. A *redução de consumo* será trabalhada também por meio de ferramentas de gestão que darão maior controle e visibilidade:
   - de áreas e pessoas que consomem acima da média da empresa e/ou do consumo padrão do mercado;
   - de custos que normalmente não são incorporados a essa atividade, como manutenção, energia, backup etc. Se esses custos se tornarem visíveis, podemos atuar sobre eles, procurando reduzi-los ou eliminá-los.

   Os equipamentos mais modernos também permitirão menor consumo de insumos como toner e energia.
3. Os *preços de insumos* serão mais competitivos porque, enquanto o cliente compra quantidades limitadas apenas para suas necessidades, o proponente os compra em maior escala para atender a toda a sua clientela – o que lhe permite maior poder de barganha junto aos fornecedores, cujos benefícios são compartilhados com o cliente.
4. E, finalmente, a *simplicidade* advém do fato do cliente poder operar com um único fornecedor desse serviço, facilitando a gestão e a comunicação, uma vez que ele pagará apenas o custo por cópia, tendo, portanto, um único item para administrar, sem que seja preciso lidar com vários fornecedores/prestadores de serviços.

Veja que seguindo esse método de raciocínio, finalmente, fechamos a lógica das vantagens da proposta. Note que, até agora, não foram utilizados dados e informações, é exclusivamente uma combinação de afirmações, o tal "racional da idéia".

3ª etapa: Só lógica não basta!

Dados e Informações

Agora sim é chegada a hora de buscar um reforço da lógica, anexando dados e informações de sustentação. Veja alguns exemplos de dados que poderiam ser anexados a partir do exemplo que estamos estudando:

- Cópias por minuto de equipamentos modernos x antigos.
- Novos padrões de consumo de toner e energia.
- Custo médio de manutenção de equipamentos.
- Cases de outros clientes onde ocorreram variações significativas de consumo dentro da empresa.
- Idem mostrando as reduções dos preços de insumos.
- Relação das empresas de *leasing* com as quais você tem acordo para operar esta atividade.
- Outros.

Mas a história não acaba aqui. Como isso vai acontecer? Quais são os procedimentos? A próxima etapa deve esclarecer quais os procedimentos que tornarão viável a implementação da proposta, e aqui o caso é mais descritivo (embora deva ser apresentado sempre de forma resumida).

4ª etapa: Como fazer acontecer?

Implementação/Procedimentos

Nesta etapa, gosto de estabelecer uma analogia com a história da Apolo XIII que me fascina até hoje. Vivenciei esse momento como garoto, e lembro-me de como o mundo quase parou naqueles dias, especialmente no momento do retorno da nave, pois todos se identificavam com aqueles homens que representavam a ousadia da raça humana.

Recentemente, revendo o filme baseado nessa história e protagonizado por Tom Hanks, algo me chamou a atenção: a freqüência com que a palavra *procedimentos* era falada. As soluções geniais que surgiam, invariavelmente eram seguidas por uma pergunta: "Quais são os *procedimentos*?" Ou seja, o brilhantismo das soluções encontradas dependia de um complemento indispensável: o método (ou a série de procedimentos que viabilizam uma solução).

Um bom exemplo é quando é detectado um aumento do nível de dióxido de carbono, com risco de matar os astronautas. Os técnicos da NASA se reúnem em uma sala com o desafio de encaixar algo redondo em outro quadrado e detalhe: apenas utilizando os materiais disponíveis a bordo. Outra limitação que desesperava a equipe em terra era o limite extremamente baixo de 12 amperes para religar todos os equipamentos e dispositivos da nave de reentrada na atmosfera. Após encontradas ambas as soluções, surgiu a mesma demanda: quais procedimentos seguir para que os astronautas, a milhares de quilômetros da Terra, pudessem replicá-las? Certamente foram os tais "procedimentos" que permitiram a tripulação colocá-las em prática no espaço.

A experiência da Apolo XIII deixa claro que uma idéia ou uma proposta, mesmo que sejam brilhantes, por si só não bastam. É preciso saber implementá-las para tudo acontecer.

Retornando ao nosso exemplo da terceirização de serviços de cópia, fax e impressão, veja algumas das possíveis medidas (procedimentos) capazes de fazer a proposta tornar-se realidade:

- Levantamento dos equipamentos existentes, incluindo aqueles cuja performance esteja abaixo dos padrões ideais, assim como os que precisam ser substituídos.
- Equipe terceirizada realizará toda a gestão de estoques, substituição dos consumíveis, e fornecerá treinamento no uso do equipamento e manutenção.
- Cobertura nacional em qualquer unidade do cliente por frota própria e armazéns estrategicamente localizados em todas as regiões – capacidade de entregar em 24 horas.

- Levantamento de todos os custos atuais incidentes na área e conversão para o modelo de custo por cópia, já oferecendo uma redução inicial.
- Implantação de sistemas próprios que proporcionarão os controles necessários para detectar os padrões de consumo por áreas e/ou profissionais.
- Outros.

5ª etapa: Você cumprirá a expectativa de tempo?

Fator tempo

Por mais atraente e convincente que tenha sido tudo que você apresentou até aqui, existe ainda uma fronteira vital a ultrapassar, que é o fator tempo. De nada adiantará uma proposta maravilhosa, bem sustentada em termos de lógica, dados e informações e eficiência de implementação se sua audiência espera tê-la disponível em 30 dias, mas sua capacidade de realizá-la é apenas em 90 dias.

Para mim, eis aí um dos grandes desafios do mundo corporativo que faz muita empresa perder oportunidades. Gosto muito de uma frase, atribuída a Geoff Yang da International Venture Partners, que diz: "Antigamente era o grande que engolia o pequeno, agora são os rápidos que engolem os lentos."

Vale lembrar que no caso da Apolo XIII, todo novo procedimento na NASA demorava 90 dias para ser aprovado. Mas, na situação de emergência citada anteriormente, uma série de procedimentos inusitados foi aplicada em *três dias e meio*, pois se isso não acontecesse os astronautas morreriam! Tanto naquele caso, como no cenário atual, tempo é tudo.

6ª etapa: Há competência para dar conta do recado?

Qualificação

Seguindo a metodologia, até aqui as regras mais importantes de uma boa exposição estão colocadas. Agora só é necessário assegurar para a audiência que sua empresa detém a credibilidade necessária para executar a proposta em pauta. Chegou a hora do famoso bloco institucional.

Jamais utilizo mais de dois slides, eventualmente três para esse fim. As informações básicas não envolvem mais do que mostrar tradição (anos de existência), grandes números (funcionários, receita, taxas de crescimento etc.), capilaridade (número de filiais) e, principalmente, a lista dos clientes. Não se trata de um exercício de grandiosidade, mas de dar credibilidade suficiente a uma proposta para impactar positivamente o ambiente de atuação da audiência. Se for o caso de uma apresentação interna na organização, você deverá provar que sua área e seu time reúnem as competências necessárias para executar a tarefa. Se há a necessidade de conhecimento adicional, essa é a hora de propor o reforço de uma consultoria.

7ª etapa: Você olhou para o futuro?

Próximos passos

Uma exposição não pode acabar em silêncio. O slide de próximos passos é obrigatório em todos os trabalhos que realizamos e, muitas vezes, deixamos propositadamente este slide em branco, pois sua função principal é provocar uma troca de idéias. Estando em branco, ele nos dá um grau conveniente de liberdade de, baseados em todos os comentários da audiência durante a exposição, escolher por onde começar a discussão.

CAPÍTULO 7

Expressão visual

O leitor deve ter percebido que não sou, opositor do PowerPoint, pois em momento algum sugeri algo extremo como um "adeus", "esqueça" ou "jogue no lixo". Eu estaria sendo contraditório, pois como já afirmei, sou usuário desse programa. Tudo se trata de colocar a ferramenta no seu devido lugar, usando-a de forma correta, sempre no final do processo de construção e estruturação de uma exposição de idéias. Ou seja, o PowerPoint não inicia o processo, encerra o processo.

Todos precisam ter bem claro em mente que ele não é uma ferramenta de raciocínio, e sim de *expressão* de raciocínios de forma a facilitar o entendimento da audiência, e daí a importância de se entender sua função de "simplicidade" no processo de comunicação.

Devemos reconhecer que o PowerPoint trouxe uma verdadeira revolução na combinação de imagem, som, texto, cor e movimento que pode ser manipulada por qualquer pessoa sem necessidade de maiores conhecimentos técnicos. Estima-se que são feitas diariamente no mundo 30 milhões de apresentações!

O PowerPoint tem seus pontos positivos, pois o seu fácil manejo libera os apresentadores de precisar recorrer a produções especializadas. Ele permite modificações de conteúdo de última hora, é conversível em múltiplas mídias, tendo ainda a capacidade inversa de integrar diversas mídias. Mas talvez a sua maior qualidade seja a de facilitar a explicação de temas complexos.

Ninguém, enfim, deve duvidar que o uso eficiente desses recursos de mídia tem grande potencial de impactar positivamente qualquer processo de comunicação. A forma como organizamos as idéias pode mudar radicalmente, para melhor ou pior, a comunicação na Era do Conhecimento.

Conforme defendi nos capítulos anteriores, insisto que, desde o momento em que você estruturou sua lógica, o conhecimento organizado está na sua cabeça e, a partir daí, você tem total condições de produzir a sua apresentação e exibir suas idéias, a despeito de qualquer ocorrência que surja. Por exemplo, se faltar energia elétrica na hora da sua exposição, você nem vai se abalar com isso, pois pode seguir calmamente adiante na transmissão da sua visão, como se nada tivesse acontecido. Afinal, o PowerPoint estava lá só como um facilitador da vida de outras cabeças, da audiência, não da sua.

Antes de detalhar o que entendo como uso correto, é importante eliminar erros banais no uso do PowerPoint. O principal deles é se deixar levar pela beleza dos efeitos de mídia e permitir que superem o impacto da mensagem. É a famosa apresentação "show". Isto é literalmente desastroso. Por diversas vezes em meus trabalhos, e eu destacaria o caso de algumas reuniões de alta diretoria, reuniões globais ou ambientes jurídicos, não havia qualquer clima de inserir recursos de mídia, pois a reação imediata seria: "Vocês vieram fazer um show ou falar de coisa séria? Por que perderam tempo com beleza?" Além do mais, uma apresentação espalhafatosa pode ainda gerar outras duas leituras, a de o apresentador estar camuflando notícias ruins, ou então não ter feito a lição de casa. E ambas são péssimas.

Outro erro normalmente surge da pressão exercida pela falta de tempo: abrimos de cara o PowerPoint, e temos aquela sensação enganosa que a criança está nascendo rápida e organizadamente. Empregamos o famoso método "Frankenstein", utilizando slides que já foram empregados em outras apresentações como forma de cobrir a insegurança de quem não raciocinou direito antes de preparar a exposição, conferindo a ela um falso tom "documental" que vai ser praticamente lido na hora da exposição.

Muito bem, e como usar então corretamente este bendito PowerPoint? Basta que nos apoiemos nos critérios de simplicidade para gerar a tal da compreensão facilitada e imediata do que estamos tentando propor com nossa apresentação. Descrevo aqui, passo a passo como chegar a isto:

- A primeira forma de expressão do seu raciocínio se manifesta por meio de textos e números e, com eles, pode-se ir longe. "Não sentimos qualquer pressão de mudar para anúncios gráficos, seja internamente ou de nossos anunciantes", diz Marissa Meyer, do Google, em entrevista no site goodexperience.com.
- Você deve distinguir lembretes, textos curtos (*recalls*) de descrições. Extratos super-sucintos de partes da exposição funcionam como fator de retenção para a audiência e, para você, como lembretes. Já o conteúdo descritivo deve estar na sua cabeça, para que você possa expô-los exclusivamente via oral.
- Somente com esses slides *recall*, você já pode fazer sua apresentação, mas há ainda alguns espaços para melhoria:
  a. Na qualidade da organização da exposição dos textos e números por meio do uso de recursos de cor, tabelas, gráficos, disposição no slide, fontes e destaques.
  b. Na associação visual com o texto por meio da inserção de imagens.
  c. Na adição de movimento.

Mas, reconheço que tudo isso demanda tempo, nem sempre disponível. Afinal, já é mais do que comum as pessoas estenderem seu expediente ou trabalharem nos fins de semana preparando apresentações.

A pesquisa realizada pelos especialistas em apresentações, Claudyne Wilder e Geetesh Bajaj, com 750 profissionais nos Estados Unidos, traz outras observações importantes sobre o que eles pensam a respeito de produção das apresentações:

1. Reconhecem que se excedem no número de slides, a ponto de prejudicar a qualidade da mensagem.

2. Sentem falta de inserir mais ilustrações e imagens para suas apresentações, mas essa tarefa consome tempo excessivo deles.
3. Reconhecem que ensaiar a apresentação melhora bastante as suas performances.

A McKinsey, líder mundial em consultoria estratégica, já deu claros sinais de reconhecer esse fato. Criou uma empresa na Índia, a Visual Graphics Computer Services, para produzir as apresentações para todas as filiais suas 70 unidades no mundo. Essa unidade tem um grande contingente de pessoas trabalhando no esquema 24/7 em três turnos! Ou seja, produz enquanto a maioria dos usuários está dormindo. E com certeza, como esses profissionais são especializados em diagramar, evitam os erros mais tradicionais de visualização, conforme a pesquisa conduzida por Dave Paradi, junto a uma amostra de 159 pessoas, em 2003:

- Texto tão pequeno que é impossível de ler: 50,9%
- Sentenças longas ao invés de pontos-chave: 47,8%
- Slides difíceis de visualizar devido à escolha de cores: 37,1%
- Movimentos de textos e imagens: 24,5%
- Uso de sons perturbadores: 22%
- Gráficos e diagramas excessivamente complexos: 22%

No geral, comenta Paradi, as pessoas criticam o excesso de texto, gráficos caprichados e efeitos multimídia. Um bom equilíbrio seria ter textos apenas para indicar para a audiência o que o apresentador vai falar em seguida, e empregar gráficos e efeitos para adicionar "sabor" aos textos.

Na minha experiência, confesso que meus clientes não me pagam um tostão a mais para fazer as apresentações mais bonitas, mas eles têm uma forte expectativa de que o conteúdo seja de altíssima qualidade, sucinto e visualmente bem organizado. Costumo dizer que em nossa empresa o *compreensível* está anos luz à frente do belo em termos de prioridade. E tem mais um detalhe: na maior parte das vezes, não me dão o tempo necessário para agregar o upgrade da beleza.

Acho que esta frase de Edward Tufte diz tudo que penso sobre o tema:

Bom design é pensamento claro tornado visível.

Algumas dicas sobre produção das apresentações, praticáveis por qualquer um que tenha noções mínimas de uso do PowerPoint:

Tabelas

É muito comum pessoas apresentarem tabelas com 40, 50, 60 números ou mais. Isso é totalmente indigerível por qualquer audiência. O fundamental é ter uma fase conclusiva e apenas a parte da tabela que sustenta a afirmação. Utilizar um zoom ou destacar com cores a parte que interessa são igualmente alternativas a considerar.

Gráficos

Substituem tabelas com grande vantagem, permitindo uma leitura muito mais rápida por parte da audiência.

Ícones

Esqueça dos ícones. Acho que o melhor comentário sobre cliparts (aquelas lustrações disponíveis na Web para livre utilização) vem dos americanos que, quando vêem uma apresentação com ícones, logo falam: "Looks Guffy!" *Guffy* é o nome em inglês do Pateta, de Walt Disney. Portanto, com isso eles querem dizer: sua apresentação tem um jeitão meio patético e nada profissional.

Uma única exceção seria a área de Recursos Humanos das empresas, que muitas vezes pode fazer bom uso desses ícones para treinamentos ou comunicações internas. Nesse caso específico, a grande variedade de expressões visuais dos ícones é um recurso vantajoso, se usado com parcimônia.

Imagens

Uma boa imagem diz mais que mil palavras, contudo é importante observar se o ambiente em que se passa a apresentação está favorável ao seu uso.

Movimentação

Considero a movimentação um recurso maravilhoso para ajudar na compreensão de um tema mais complexo e no qual a absorção seqüencial correta da mensagem faz toda a diferença. Mas certamente não é um recurso indispensável.

Transição de slides

Desative e esqueça que existe. Este é o campeão dos recursos absolutamente inúteis.

Unificação de mídias

Aqui o PowerPoint é nota dez! A cada nova versão, o programa ganha mais recursos para incorporar outras mídias como flash, 3D, gif, vídeo etc. A grande vantagem é não interromper sua apresentação para trocar hardwares e fios.

Veja agora uma opção de visualização do caso da terceirização de serviços de cópia, fax e impressão que apresentei no exemplo de metodologia. Usei o nome fictício "ALLPRINT"

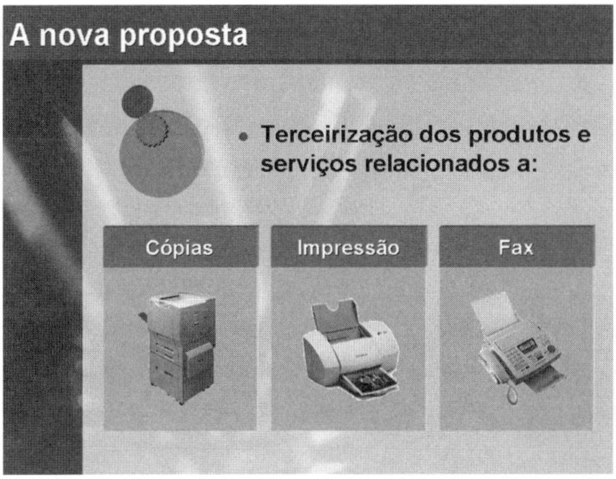

Terceirizar cópias, fax e impressão (serviços e produtos) traz vantagens para sua empresa.

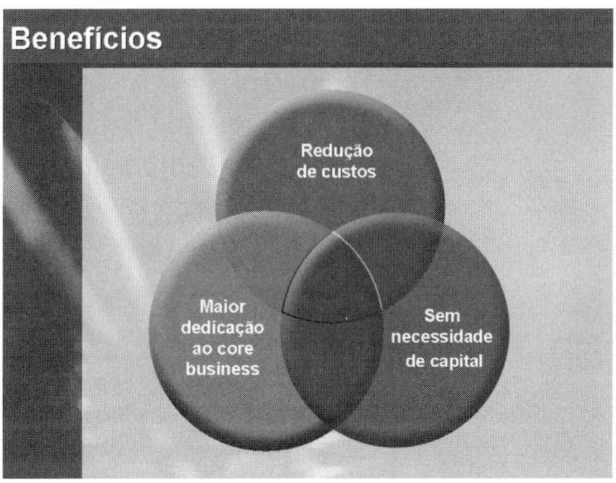

Como principais benefícios vocês terão redução de custos, poderão ter mais tempo para se dedicar ao seu core business e não haverá necessidade de investir capital.

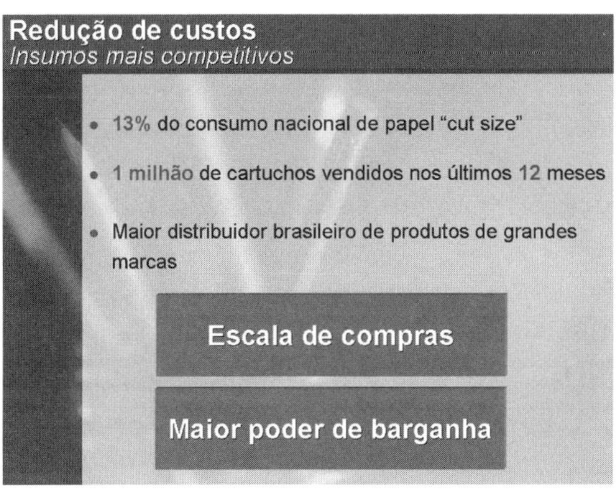

Já atendemos inúmeros clientes. Esta escala nos permite maior poder de barganha junto aos fornecedores de insumos, reduzindo o custo dos mesmos para vocês.

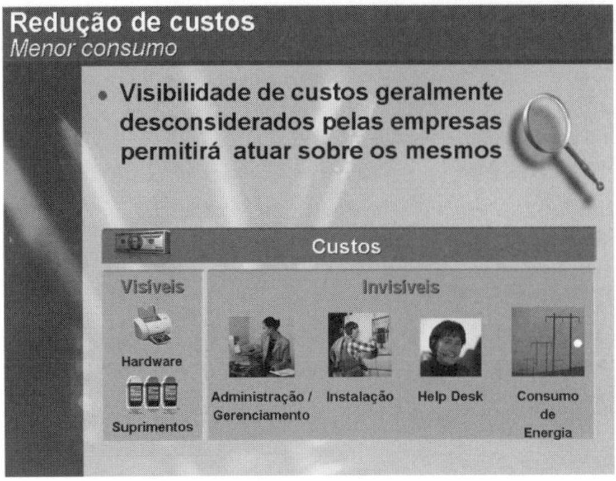

Por se tratar de uma atividade secundária, muitos custos como manutenção e energia não têm visibilidade no seu cotidiano. Nós daremos transparência aos mesmos permitindo atuar sobre eles para possíveis otimizações.

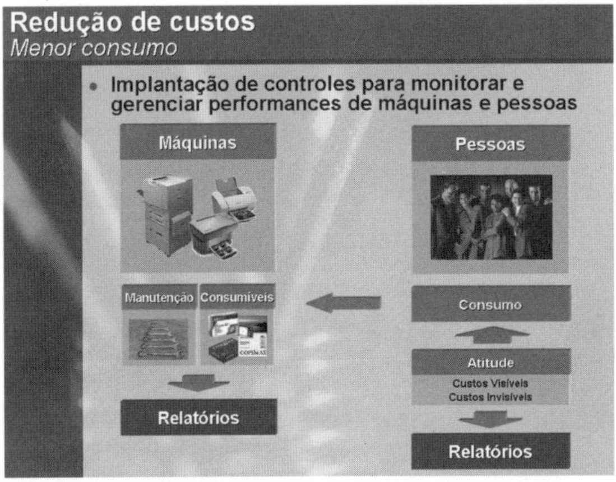

O consumo também será impactado pela implantação de sistemas próprios que trarão maior controle à atividade, identificando quais pessoas e áreas da empresa excedem os padrões médios praticados.

Finalmente, também teremos redução nos custos por meio de maior produtividade através da substituição de equipamentos obsoletos por tecnologia de ponta. Isso resulta em mais impressões por minuto e menor consumo de insumos (toner, energia, etc..)

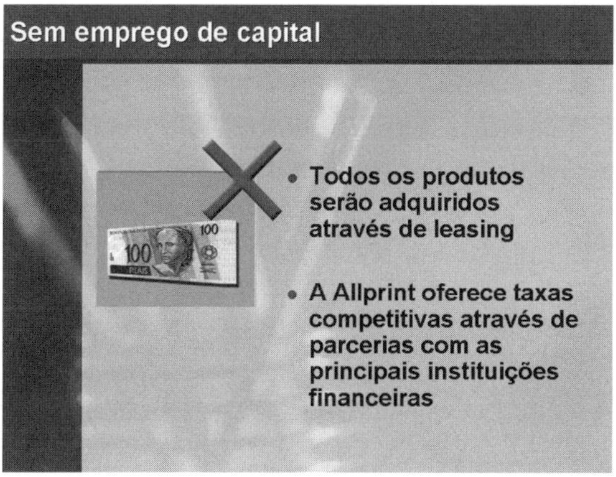

Não haverá necessidade de investir capital. Todos os equipamentos novos serão adquiridos via leasing.

Sendo secundária, esta atividade não deve tomar tempo da organização. Isso será possível pela simplificação trazida por nossa proposta que concentra tudo em um único fornecedor e um único parâmetro de gestão: o custo por cópia.

Todo o abastecimento será feito através de frota e armazéns próprios.

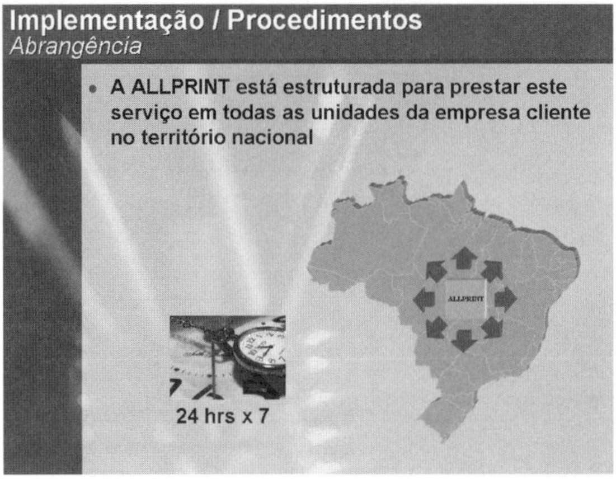

Nossa estrutura nos permite atender sem restrições logísticas em qualquer ponto do território nacional.

Nossa equipe estará alocada em todas as suas unidades, fazendo a gestão dos estoques, reposição dos consumíveis, manutenção e treinamento no uso dos equipamentos.

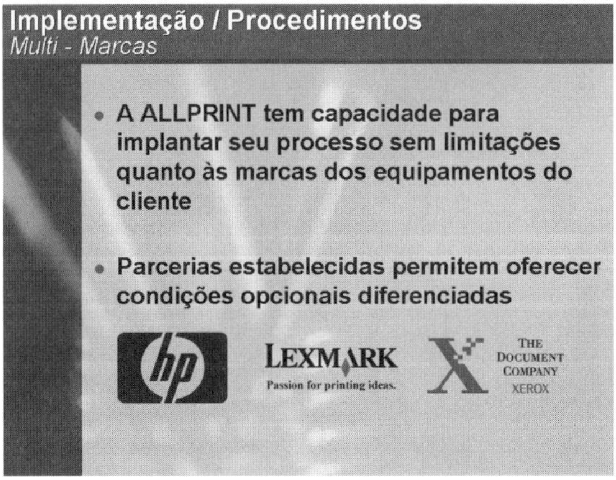

Temos parcerias com todas as grandes empresas de equipamentos, o que nos permite operar com qualquer marca da sua preferência.

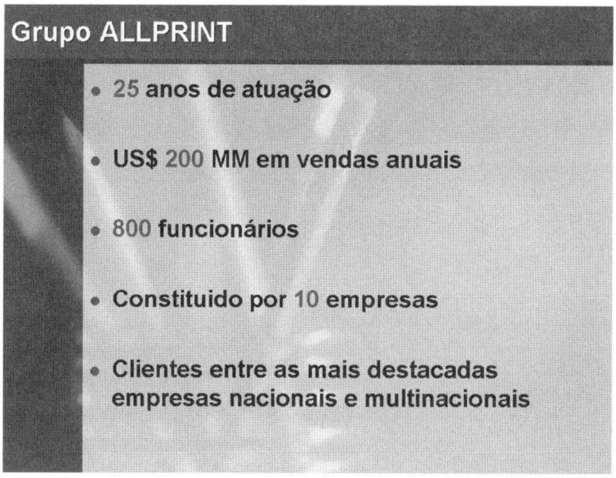

Temos toda a credibilidade para assegurar o cumprimento de nossa proposta.

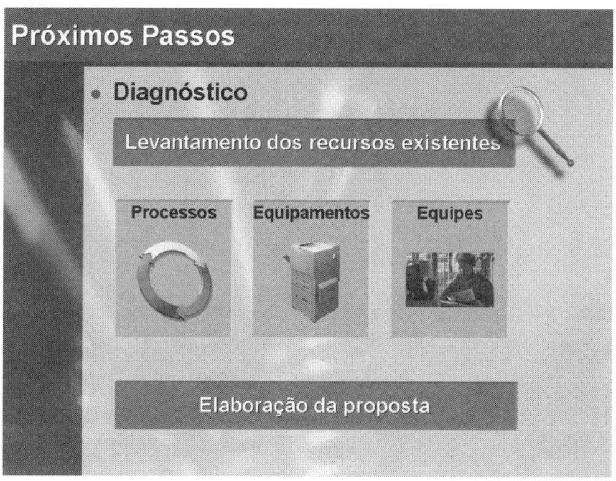

Propomos fazer um diagnóstico dos equipamentos utilizados por sua empresa, processos praticados e pessoas envolvidas. De posse desses dados, faremos um estudo detalhado e enviaremos uma proposta firme.

CAPÍTULO 8

Todo raciocínio em um único slide

Essa metodologia de trabalho que desenvolvi por anos a fio foi se aperfeiçoando, e conduzindo-me até a síntese da síntese. As premissas da concisão, executadas em seu maior grau, acabaram por me fazer criar um conceito mais avançado ainda, e absolutamente inédito, o qual batizei de "one slide logic", ou seja, tudo o que se quer dizer pode perfeitamente caber em um único slide.

Qual é o pré-requisito? Que o expositor detenha um conhecimento profundo do conteúdo em questão, pois, tendo um único slide de suporte que lhe mostre os pontos a seguir, ele dará conta com sucesso do recado e sem a mínima necessidade de usar o PowerPoint:

- Principais blocos do que deseja expor.
- O ponto mais importante de cada um desses blocos.
- A seqüência lógica da exposição.

Experimentamos essa técnica entregando um único slide que condensava horas e horas de discussão para vários clientes, e a reação foi de euforia.

Um dos casos se passou durante uma convenção de um cliente, que foi aberta pelo diretor comercial com a nova apresentação institucional da empresa. Como o produto deles era muito técnico, a exibição era enorme, cheia de filmes e outras mídias de suporte, e se estendeu por longos 90 minutos. Ocorre que, dias antes, resolvi fazer, por minha conta, uma versão dessa apresentação em apenas um slide. À tarde, quando fui chamado a me apresentar a todos os funcionários daquela empresa, ofereci a eles minha versão em um slide. Comecei com a tela branca e fui perguntando quem se lembrava do que o diretor havia dito de manhã. À medida que alguém acertava, eu expunha o bloco e as frases-chave daquela parte, sempre na seqüência lógica correta. Quando chegamos ao último bloco, mandei distribuir o *one slide logic* impresso para todos os vendedores, e a reação foi de alívio.

Mas a história não acaba aí: perguntei se alguém tinha coragem de repetir a apresentação feita pelo diretor só com aquela folha. Um senhor se levantou e disse que o faria. Deu um show e foi aplaudido de pé pela turma. O segredo? Ele trabalhava há muitos anos na empresa, detinha um profundo conhecimento do negócio, e tudo o que precisava para estruturar sua exposição era algo que orientasse os blocos, as frases-chave e a seqüência.

O *one slide logic* serve principalmente para organizar a cabeça do apresentador. Excepcionalmente, em uma situação de emergência, pode ser utilizado como âncora de uma exposição, devendo ser aberto com movimento bloco a bloco. Nesse ponto cabe relembrar a defesa de Tufte sobre as vantagens da visão lateral e simultânea em relação à visão seqüencial do PowerPoint. No ambiente corporativo considera-se que, em média, são colocadas 40 palavras por slide, o que dispende oito segundos de leitura. Com esse número restrito de palavras, são necessários muitos slides expostos seqüencialmente. Exposição de informação vinculada a tempo torna mais difícil entender o contexto e avaliar as relações entre elas.

Um excelente exemplo do quanto a concisão pode ser fundamental é a explosão da Challenger em 1986. O responsável pelo foguete, recomendou à Nasa cancelar o lançamento na noite anterior, mas não foi bem-sucedido. Em seu livro *Visual Explanations*, Tufte expõe uma série de erros de comunicação da apresentação feita e mostra uma alternativa em um único slide (veja a seguir).

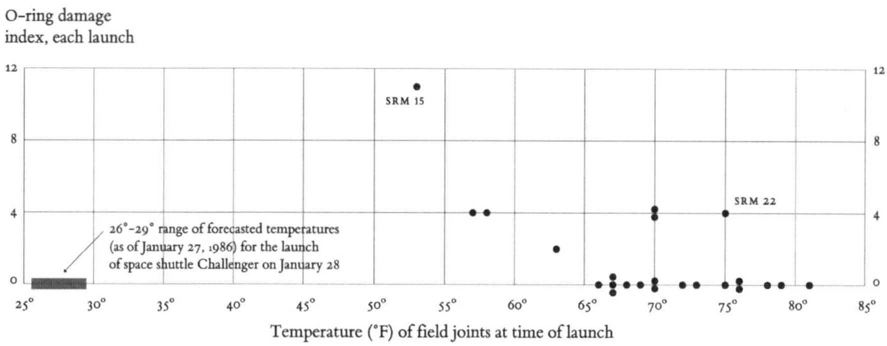

Nesse quadro estão contidos os 24 lançamentos anteriores ao da Challenger. Ele mostra o risco de danos no *o-ring* (anel de borracha), como aconteceu na explosão, relacionado à temperatura. De forma absolutamente clara, qualquer um percebe que em altas temperaturas (acima de 66°F) praticamente não há risco. Entretanto, em temperaturas um pouco mais baixas, entre 55°F e 65°F, a coisa muda de figura, pois todos os quatro lançamentos anteriores nessa faixa deram problema. Em seguida nota-se que o lançamento da Challenger foi feito em uma temperatura absurdamente mais baixa (29°F), completamente fora dos padrões praticados pela Nasa nos 24 lançamentos anteriores.

Ao terminar a revisão desta edição, vivenciei coincidentemente três situações que reforçam a conveniência da adoção do slide único.

1. No primeiro caso, tínhamos preparada uma apresentação para ser exposta em um encontro mundial de uma multinacional. Uma semana antes da viagem, veio uma orientação da matriz proibindo o uso de PowerPoint. Refizemos em um único slide e o convertemos em cartaz.
2. Um cliente me mostrou uma reunião realizada com o sênior level da Toyota em um único slide, preparado pela própria montadora japonesa. Estamos falando de uma empresa que é benchmark mundial em gestão, que agora complementa seu famoso "lean manufacturing" com "lean communication".

3. Ao me reunir com um cliente para expor meu workshop, soube que ele normalmente se recusava a assistir PowerPoints. Não tive dúvida, fui com um único slide, e impresso.

Agora, voltando ao exemplo da empresa interessada na terceirização de serviços de cópia, fax e impressão, veja abaixo uma forma de organizar as idéias em um único slide:

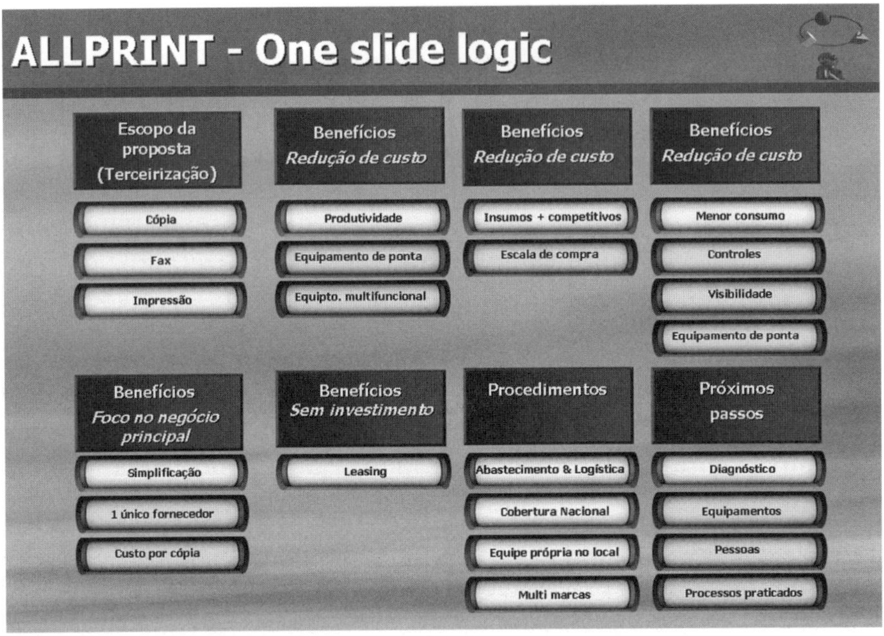

CAPÍTULO 9

Desafios do apresentador

Mistifica-se muito a questão do apresentador. Tenho o maior respeito pelos inúmeros seminários e cursos de técnicas de apresentação que abordam competências como oratória e postura, mas minha visão é pragmática em relação a esse tema. Na verdade, bom apresentador é aquele que está por dentro do conteúdo, que fez a lição de casa, que mantém a essência de sua apresentação na sua cabeça e, por conseguinte, é autoconfiante na qualidade e no impacto que a sua apresentação causará na audiência.

Nesse aspecto, é tudo igual à época da escola. Quando chegávamos para apresentar os trabalhos à classe ou para fazer as provas sem saber nada, tremíamos da cabeça aos pés, inseguros e temerosos de um desastre. Já quando sabíamos a matéria, a segurança afastava o medo. Pois bem, no ambiente corporativo ocorre o mesmo. Todos os que estão preparados invariavelmente são bem-sucedidos, com exceção de quando existem barreiras de linguagem (no caso de precisar falar em outro idioma e não estar seguro nisso).

É obvio que, mesmo estando seguro do conteúdo, a atitude e a postura do apresentador influenciam e muito no resultado final. Ficar de frente para a platéia e olhar cada interlocutor nos olhos só podem somar. Outro ponto relevante é a autenticidade. O que quero dizer é que não devemos nos robotizar, transformando-nos em um personagem, o qual, após a exibição, volta a ser o que realmente é. Seu interlocutor não pode se deparar com uma pessoa completamente diferente na reunião após a apresentação. Resumindo, você deve ser um só em tempo integral!

E, finalmente, não se iluda pensando que entusiasmo e empolgação possam superar um roteiro fraco. O cinema é um bom exemplo disso. Lembro-me de uma época em que, ao visitar a locadora, sempre encontrava muitas cópias disponíveis de um filme estrelado por Julia Roberts e Brad Pitt, um verdadeiro fiasco cinematográfico, cujo péssimo roteiro não conseguiu ser neutralizado nem mesmo por esses dois dos mais bem pagos artistas de Hollywood. Por outro lado, levei semanas para conseguir alugar um filme argentino, com atores bem menos conhecidos, mas que possuía um roteiro brilhante.

Veja algumas situações desafiadoras durante uma apresentação:

Uma certeza: você vai errar

Mesmo estando bem preparado, caso algo dê errado, aja naturalmente para ajustar a situação. Erros fazem parte do ambiente das apresentações.

Alguém está dormindo na audiência

Quem está para dormir dá sinais. Fique sempre de olho na audiência e, quando perceber que isso poderá acontecer, aproxime-se e faça uma pergunta antes que a pessoa durma, pois o fato de alguém estar dormindo afeta a auto-estima do apresentador e contamina o público. Existem, porém, situações que fogem ao nosso controle. Muitas vezes a audiência está fora de condição física, e detalhe: ninguém admite isso, todos sempre falam que estão ótimos.

Tenho duas experiências com esse assunto. Na primeira, preparamos durante semanas um projeto para determinar a viabilidade de uma grande indústria coreana montar uma unidade no Brasil. Os executivos vieram no jatinho da empresa, viajaram 24 horas, enfrentaram 12 horas de fuso horário, chegaram ao hotel ao meio-dia e marcaram a apresentação para as 14h. É obvio que todos dormiram tão logo iniciou-se a apresentação.

O outro caso se refere a um alto executivo argentino que estava sempre em São Paulo a negócios, mas seu escritório era em Fort Lauderdale (Flórida, na Costa Leste) e sua casa em São Francisco (Costa Oeste dos Estados Unidos). Quando perguntei como administrava essa maluquice, ele me disse que era tranqüilo. Pois bem, um dia tivemos uma apresentação para o conselho deles em Fort Lauderdale. O evento foi marcado para uma terça-feira, e agendamos um ensaio para segunda-feira logo cedo. Nessa manhã, lá estava nosso amigo, de cabelos ainda úmidos. Perguntei curioso de onde ele estava vindo, e ele respondeu: "De São Francisco." Passei o fim de semana em casa com minha família, embarquei para cá às 22h do domingo, e após algumas horas de vôo, com o avanço do relógio, cheguei cedo em Miami, fui para meu flat em Boca Raton, tomei um bom banho". E finalizou: "Estou ótimo". Bem, para a sorte dele, aquele dia era apenas um ensaio, porque ele "despencou" várias vezes, fazia perguntas desconexas para dar a idéia de que estava acompanhando os trabalhos, enfim, um vexame total.

Resumindo, não se culpe injustamente quando a audiência não tiver condições físicas para acompanhar a sua apresentação.

Alguém não pára de falar no celular

Se quem estiver ao celular for justamente aquela pessoa que deverá tomar a decisão, não hesite: interrompa sua apresentação e aguarde ele acabar a ligação. É bem possível que ele faça um sinal com a mão para você prosseguir. Agüente firme! Não adianta expor para alguém que não está escutando. Agora, se quem estiver falando ao celular for de importância secundária, você pode eventualmente relevar e continuar sua exposição.

Murphy se fez presente

Além dos cuidados tradicionais (checagem do equipamento, backup etc), a melhor arma é o raciocínio estruturado na cabeça. Ele é o único que certamente vence quaisquer imprevistos que possam ocorrer em qualquer situação.

Cuidado com o humor

Humor pelo humor é desastre na certa. É claro que é possível dar um tom mais descontraído à sua apresentação, mas ele tem de ser fino e não destoar do contexto.

Pontos fracos de conteúdo

Não tente fazer ninguém de bobo. Já vi muita gente vibrar pelo fato de seus pontos fracos na apresentação terem passado sem contestações da audiência. É uma alegria falsa e momentânea, pois, em geral, as pessoas só não interromperam para evitar algum tipo de constrangimento, e o resultado final é que o projeto acaba sendo engavetado ou atrasado.

Na verdade, é muito raro não existirem pontos fracos numa apresentação. Conforme o contexto, muitas vezes é melhor se antecipar e expor diretamente esses pontos frágeis, já apontando um possível posicionamento em relação a eles. Isso instiga a audiência a expor seus pontos de vista e o assunto progride.

Nesse sentido, já existe uma linha interessante de postura nos EUA chamada de *radical transparency* (*transparência radical)* cuja premissa é que hoje as mídias, principalmente a Web, nos expõem de tal forma e com tanta rapidez que, perante erros e falhas, é muito melhor sair na frente, se antecipando na sua exposição ao mercado, do que o contrário. Acho que isso se aplica perfeitamente a uma apresentação.

A audiência induz para caminho alternativo

Observe a qualidade da intervenção. Se sua audiência divisou um caminho melhor que o seu, esqueça sua apresentação e conduza para uma troca de idéias. Muitas pessoas alegam que não é possível fazer isso quando você não está bem preparado, mas discordo. Basta fazer mais perguntas que afirmações e provocar a audiência a falar!

Não descarte, entretanto, o caminho traçado originalmente por você; se ele for o melhor, insista nele.

Você terminou e ninguém faz perguntas

O silêncio tem conotação negativa, por melhor que tenha sido sua exibição. Se isso ocorrer, intervenha: tome a dianteira e estimule a troca de idéias. Você não pode sair de sua apresentação sem saber o que está na cabeça do seu público.

Alguém na audiência quer derrubar você

Se alguém vier com intervenções não muito racionais com termos pejorativos (ou mesmo depreciativos) como: "não há nenhuma novidade nisso", "isso não faz sentido" etc. – isso pode derrubar sua exibição e colocar por terra seus argumentos. Se você sabe que determinada pessoa tem objeções aos seus argumentos, antecipe-se e tente se reunir com ela antes do encontro, para eliminar possíveis diferenças. É muito melhor tentar isto num encontro a dois, olho no olho, do que no fórum aberto da exposição.

Se não houver essa oportunidade, procure levar seus colegas, orientando-os para que *eles* respondam qualquer intervenção dessa pessoa, "blindando" e preservando o apresentador.

E, por último, caso você seja pego de surpresa, ainda há uma chance: jogue com o resto da audiência, trazendo-a para o seu lado para enfrentar esse opositor.

Alguém na audiência quer testar você

Atenção: testar é diferente de derrubar, e essa é uma fronteira bem tênue. Nossos interlocutores têm todo o direito de nos argüir, e é nossa obrigação responder a toda e qualquer pergunta nesse sentido.

Você é o sétimo a expor de uma lista de oito

Não há audiência que resista a uma série de apresentações, principalmente no caso de concorrências, quando se é obrigado a ver o mesmo assunto várias vezes seguidas. Se você deu o azar de cair no final do dia, reconheça publicamente que todos devem estar exaustos, que você preparou uma versão reduzida e usará apenas uma parte do tempo concedido. Você será ovacionado. Isso eu garanto.

O conteúdo da apresentação é literalmente chato

Fazer uma apresentação sobre descrição de processos para uma turma de engenheiros vai dar o maior Ibope. No entanto, se precisar falar sobre assuntos enfadonhos, como novos processos de apropriar as despesas de viagem para a turma de vendas e marketing, você está em apuros, pois o assunto é chato mesmo. Para driblar o problema, prepare com antecedência uma apresentação bem criativa e concisa, reconheça publicamente que o assunto é chato e, na hora da exibição, procure aliviar a audiência, dando pausas e coffee breaks mais do que de costume – por exemplo. Ainda assim não vão bater palmas para você, mas certamente será mais leve para todos.

Você está a 1/3 da apresentação e obteve o OK

Não insista em mostrar o resto da apresentação, o que interessa é o resultado, que você já conquistou. No entanto, gerentes de uma multinacional me contaram que, mesmo depois que concluíam logo no início pela conveniência da proposta e a aprovavam, alguns profissionais insistiam em passar o resto da apresentação que haviam montado, caso típico de desejar expor dedicação.

A verdade é que depois de obter um OK, se você insistir em prosseguir, corre o risco de sua audiência mudar de idéia. Contaram-me um caso em que isso de fato aconteceu. O vendedor recebeu o OK de uma proposta, contudo insistiu em mostrar todas as virtudes de sua oferta em detalhes. O cliente mudou de idéia. O expositor voltou de mão abanando para casa e deve ter se arrependido de ter sido tão exibicionista.

Você está a 1/3 da apresentação e obteve um NÃO

Não resta outra alternativa senão aceitar. No entanto, se você acreditar (com muita convicção) de que há argumentos importantes e capazes de modificar a posição da audiência mais adiante em sua apresentação, vá direto a eles. Mas se prepare para entrar em uma zona de alto risco, porque, se não conseguir mudar a opinião geral, o desgaste é inevitável.

E importante, frente a uma recusa, jamais saia sem extrair dos interlocutores qual era a expectativa deles. Essa é a única forma de saber onde melhorar na próxima apresentação.

Você criou animações e não vai ter controle sobre elas

Desista imediatamente delas, pois não funciona fazer uma apresentação com outra pessoa administrando os movimentos. O máximo aceitável é virar os slides. Tenho um cliente brilhante como apresentador. Liguei para ele depois de uma reunião, como sempre faço, para saber como as coisas tinham andado. "Foi um desastre", ele me disse, e explicou: "não me deram o controle remoto e quem movimentava os slides era um terceiro à distância. Fiquei lutando com ele o tempo todo", lamentou-se ele.

Você teria uma hora de exposição, mas um imprevisto reduziu o tempo para dez minutos

Escreva aí: essa situação vai se repetir cada vez mais no seu cotidiano. E tentar passar aceleradamente toda a apresentação não vai funcionar. Nessa hora, mais do que nunca, fundamental é a relevância! Coloque apenas o(s) slide(s)-chave e segure no discurso.

Você criou em versão do PowerPoint diferente do equipamento em uso

Bem, um dia a Microsoft haverá de resolver as inconsistências entre as diversas versões do Office. Mas até lá, não deixe de sempre testar antecipadamente o arquivo no computador ou no notebook a ser usado na exibição, principalmente se a versão em que você criou o material for diferente da instalada no local. Estar atualizado com os programas da Microsoft e da Apple diminui o problema.

Ofereceram-lhe um raio laser de última geração para turbinar sua apresentação

Evite o uso. É comum as pessoas ficarem "girando" com a luz na tela, o que é insuportável. Além disso, dá um ar "professoral". Limite-se a apontar áreas importantes ocasionalmente.

Pediram que você, sozinho ou com seu time, preparasse uma apresentação a ser exposta por outra pessoa

Imaginar o que outro quer apresentar não funciona. Já passei por esse difícil aprendizado, a ponto de, hoje, recusar trabalhos onde não possa fazer o briefing inicial com o apresentador final do projeto. Já passei semanas trabalhando com um time, para, no final, o *big boss* que faria a tal apresentação aparecer somente para dizer: "Não é nada disso que eu quero expor". Um rápido telefonema, uma troca de e-mails, um bate-papo no cafezinho podem reduzir drasticamente esse risco. Lute por essa troca de idéias e pelo encaminhamento inicial do trabalho, pois ele o levará a seguir na direção certa. O que já é um grande passo.

A audiência tem perfis diferentes

Não é possível satisfazer simultaneamente públicos heterogêneos. Escolha o mais importante para você e concentre sua mensagem nele.

Em um trabalho, pediram-me para fazer uma apresentação e, quando perguntei o perfil da audiência, a resposta foi: clientes e potenciais investidores. Ofereci duas opções para meu contratante: selecionar o público mais importante ou procurar outro prestador de serviço.

O outro exemplo está relacionado ao foco no público-alvo. Tínhamos uma negociação complicada e de alto valor referente a uma obra civil de grande porte. A reunião seria com uma empresa independente de avaliação técnica e com advogados da outra parte. Após ouvir durante dez minutos meu cliente me pautar com detalhes maçantes de engenharia, interrompi e admiti que não tinha entendido absolutamente nada do que havia sido exposto, e alertei: "O mesmo acontecerá com os advogados, tão crus quanto eu em detalhes técnicos. Os avaliadores técnicos já conhecem o tema de ponta a ponta. O que interessa agora são os advogados que vão orientar a outra parte." Ele aceitou minha opinião, e mudamos todo o conteúdo de forma a se tornar absorvível para um público leigo, mas que era o mais importante naquele contexto e momento.

Mas importante: não deixe de informar a outra parte que você criou uma abordagem mais focada no outro perfil de público e explique as razões. É uma questão de respeito e você ganhará um aliado em vez de reclamações.

A apresentação vai ser enviada a alguém que não assistiu à exposição

É muito comum apenas dispor de poucos minutos para apresentar propostas a tomadores de decisões. Quando se é bem-sucedido nesse estágio, existe grande probabilidade do assunto ser encaminhado para subalternos aprofundarem-se mais nas questões. Só que você não vai estar junto a eles para explicar pontos importantes. Quando isso ocorrer, é necessário que prepare uma outra versão da apresentação, autoexplicativa e que contenha textos que facilitem a compreensão da proposta.

A audiência exigiu que você encaminhasse a apresentação antes do encontro

Considero isso um grande abacaxi. Eu simplesmente me recuso a enviar qualquer apresentação da minha empresa, prefiro aguardar o tempo necessário para um encontro pessoal, dar uma explicação por telefone ou, em último caso, mandar um arquivo com o áudio gravado. Isso porque, ao enviar uma apresentação, nunca se sabe se a pessoa vai ver, ou mesmo se irá conseguir interpretar as mensagens corretamente.

Já vivenciei desastres por conta do encaminhamento antecipado de material. Na véspera de uma apresentação ao Conselho na Europa, muito bem elaborada ao longo de semanas pela equipe da filial brasileira, mandaram enviar antecipadamente o material. Tentei de todas as maneiras convencer os meus clientes daqui a não fazerem isso, pois havia alguns pontos que demandavam intervenção humana para serem corretamente entendidos, mas, como ordens são ordens, enviaram o material na véspera.

Resultado: um conselheiro europeu interrompeu logo na abertura da apresentação, fazendo uma pergunta de um ponto exposto lá no meio da apresentação. E assim se sucederam intervenções de outros Conselheiros, toda a seqüência lógica de convencimento que havia sido cuidadosamente elaborada foi literalmente anulada, e o resultado do encontro não atendeu as expectativas.

O melhor a fazer nesses casos, quando a ordem vem de cima, é mandar a apresentação antecipadamente, mas cuidadosamente separar o material mais importante, onde a intervenção do apresentador será crucial, e lançar mão desses argumentos no momento certo. Essa é uma bela estratégia.

Você está sendo constantemente interrompido

Interrupções constantes não são, necessariamente, sinal de problema, pois podem ser um sinal que você está indo muito bem, incentivando a audiência a questionar construtivamente vários pontos. Mas há também o risco de você não conseguir chegar ao final, e de você só ter a próxima oportunidade daqui a seis meses!

Pessoalmente sempre negocio iniciar passando toda a apresentação de uma vez, comprometendo-me depois a retornar ao início, passando novamente slide por slide. Com essa estratégia, posso não evitar todas as intervenções, mas inibo tranqüilamente 90% delas. O segredo está em ser rápido! Por isso não levo mais que alguns poucos minutos para defender os meus pontos, pois sei que ninguém vai ficar em silêncio me escutando por 45 minutos!

Uso de analogias

Já vi analogias brilhantes resolverem a assimilação de assuntos áridos, dando vida à apresentação; no entanto, também já vi o contrário. Li um ótimo exemplo outro dia em um artigo. Um dirigente de uma planta industrial abriu sua apresentação ao Conselho dizendo que sua unidade era como um carro de Fórmula 1 (colocou a imagem de um belíssimo veículo da categoria) e que cabia a ele dirigi-la com o máximo de velocidade. Mandaram ele sair da sala no ato! Enfim, analogias são um caso típico de faca de dois gumes, todo cuidado é pouco.

Abertura destacando problemas

Muitas pessoas procuram valorizar suas apresentações abrindo com uma série de problemas, mostrando ao longo da exposição como irão resolvê-los. Exposição de problemas tende a aborrecer audiências, que, na realidade, querem mais é ouvir soluções e resultados. Basta transformar o "problema" em "desafio" e mostrar que, com as soluções propostas, serão resolvidos. É sempre possível fazer esta pequena transformação. Vou dar um exemplo.

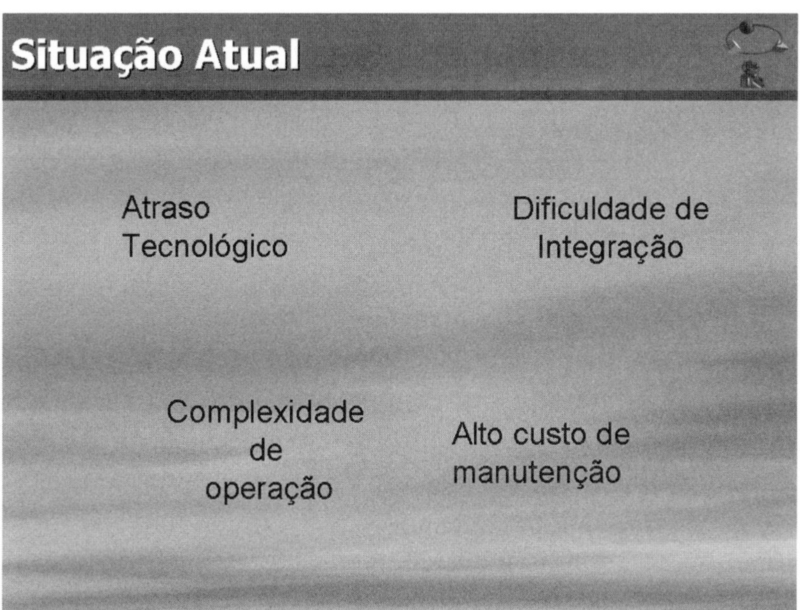

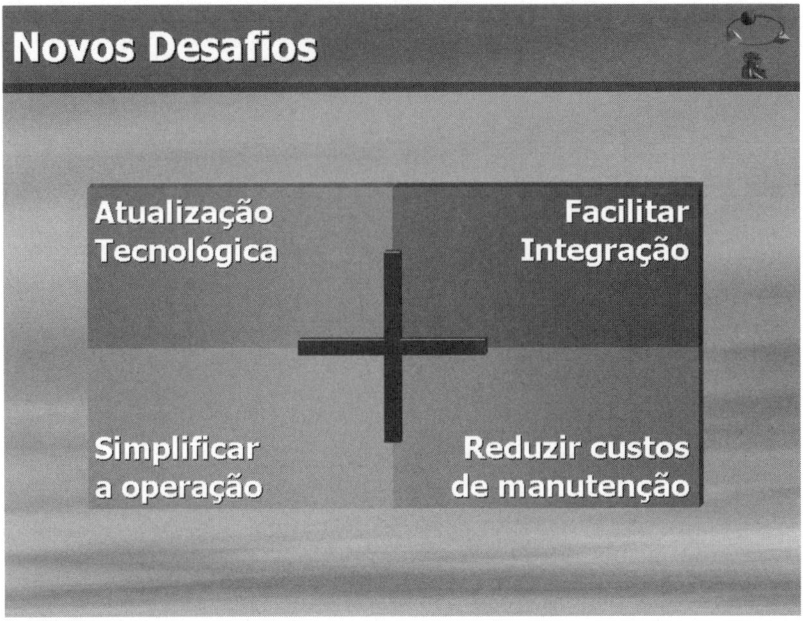

O cliente tinha o slide da esquerda na abertura de sua versão original. Propus a ele que mostrasse o da direita. Eles não falam exatamente a mesma coisa, só que de um jeito mais otimista?

Abertura com perguntas

Em um exercício dentro de um workshop que conduzi, um apresentador iniciou sua apresentação simulando uma situação em que colocava uma pergunta a outro companheiro do seu grupo, que fazia o papel do cliente. O tema se referia a material de escritório, e ele se dirigiu ao suposto cliente perguntando: "Material de escritório é importante para sua empresa?", e seu companheiro, o "cliente", enfaticamente respondeu: "É claro, é muito importante!" E o apresentador, pegando a deixa, abriu sua exposição orgulhosamente: "Pois eu tenho uma solução a propor para esse tema importante", e fez sua apresentação.

Terminado o exercício, momento do meu comentário crítico, pedi a ele que fizesse a mesma pergunta para mim. E, ao ser questionado, respondi: "Não, absolutamente, material de escritório é irrelevante como tema para nós". Só então ele percebeu o risco que correria se, na vida real, lançasse mão dessa estratégia de perguntar, pois conforme a resposta, correria o risco de perder completamente o domínio da situação.

Portanto, minha regra é jamais começar a apresentação com uma pergunta, por uma razão muito simples: você não tem como saber que resposta pode vir do lado de lá.

Exceções à regra

Vivo ministrando workshops, e com essa atividade já me deparei com algumas situações simplesmente sem solução. Vejam dois exemplos bastante comuns:

a. Ao iniciar a apresentação, o expositor notou que seu cliente permitiu que um representante da concorrência permanecesse na audiência!
b. O chefe que iria fazer a apresentação precisou sair no último minuto para resolver um assunto urgente, e deixou seu funcionário, completamente despreparado, para fazer isso por ele, dizendo: "vire-se". E é obvio que ele não conseguiu se virar. Passei por um episódio parecido há alguns anos. Marcamos uma apresentação nos Estados Unidos de grande importância estratégica, mas meu cliente perdeu o avião que sairia do Brasil. Normalmente, como nosso método envolve um grande aprofundamento no desenvolvimento do conteúdo, estou apto a fazer a apresentação, apesar disso raramente ser necessário. Naquele caso, contudo, o tema era altamente técnico e complexo, e eu me sentia completamente despreparado. Confesso que lancei mão da experiência acumulada em toda a minha carreira para administrar a situação da melhor forma, e confesso, não foi fácil. Quase estrangulei meu cliente quando voltei e tenho certeza de que ele vai se reconhecer ao ler este trecho do livro e dar umas boas risadas...

CAPÍTULO 10

Conselhos e Comitês Executivos

Tive a oportunidade de fazer alguns trabalhos para Conselhos e Comitês Executivos, e é impressionante o espaço para concisão e objetividade nessas reuniões. Em um dos casos havia uma pesquisa entre os participantes na qual admitiam de forma explícita a chatice das reuniões, o excesso de dados e a falta de objetividade das apresentações que precisavam assistir com freqüência.

E é fácil explicar por que isso ocorre. Afinal, esse é o ambiente máximo de tomada de decisões nas empresas, e é compreensível que os apresentadores de propostas acabem se excedendo em dados e informações desnecessários, na ânsia de expor sua dedicação, conhecimento e precaução. E só há uma forma de solucionar isso: estabelecer rigidamente limites de tempo e centímetro quadrado.

Existem dois tipos de reuniões de board: os conclusivos e os do tipo colegiado, e em ambos é sempre preciso assegurar a qualidade do encontro. Minha experiência nessa seara mostra que algumas ações são importantes para obter esse padrão elevado.

Os encontros do tipo conclusivo costumam ser mais objetivos e rápidos. Já os de compartilhamento de decisões (colegiado) exigem a exposição de contextualização, premissas, metodologia, alternativas com prós e contras, e o grupo vai decidindo o que fazer. Não tem nada de errado nisso, e muitas empresas de sucesso têm esse estilo fortemente impregnado em sua cultura de gestão. Minha restrição é o impacto no *timing*, pois o processo, apesar de potencialmente ser mais assertivo, é muito mais demorado e, nesse ínterim, grandes oportunidades podem ser perdidas.

Quando tenho oportunidade de intervir, proponho uma abordagem mais conclusiva. Em vez de os decisores competirem com os apresentadores no tocante a interpretar dados e informações, prefiro que julguem, aprimorem e refinem as conclusões e recomendações dos expositores.

Isso significa que os apresentadores devem expor conclusivamente suas propostas e sustentá-las solidamente conforme as contestações forem surgindo. Ao invés de mostrarem todas as alternativas trabalhadas (recurso pelo qual muitas vezes os apresentadores pretendem "dividir responsabilidades"), é melhor ter um plano B à mão se a proposta for rechaçada. Existem conclusões tão óbvias que dispensam qualquer apresentação, mas se o processo exige que se passe por etapas obrigatórias de compartilhamento, façam a conta do tempo perdido.

Outro espaço de melhoria voltada para a qualidade do encontro de colegiado é a forma de apresentação de números e resultados. Relembro aqui dois conceitos de Edward Tufte, um dos autores que mais admiro e que mencionei diversas vezes neste livro:

1) "Um número só faz sentido quando é comparado a algo."

O ponto a observar é o excesso de comparações. É muito freqüente a maioria dos profissionais tentar defender suas visões inserindo em suas apresentações gráficos complicados com diversas colunas comparando dados com igual período do ano anterior, no mês, por trimestre, acumulado, *year to date*, real + projetado para o exercício. O resultado disso são planilhas extremamente poluídas que dificultam enormemente a tomada de decisões.

2) "É fundamental estabelecer a relação de causa e efeito."

Aqui está, a meu ver, o ponto-chave. Perante um resultado positivo acima do esperado, o importante é discutir e entender o fator gerador que está por trás desse resultado, e não o número em si. Precisamos saber se o efeito foi pontual ou tem potencial para ser estendido por um período maior. E mais importante: explorar a possibilidade de *replicar* esse efeito em outras áreas, produtos ou serviços da empresa. Esses pontos, sim, comportam uma discussão de qualidade.

A abordagem não muda se os resultados forem aquém da expectativa. A única diferença é que, nesse caso, teremos de *inibir* um efeito negativo que possa se estender no tempo e assegurar que ele não afete outras áreas, produtos ou serviços da empresa.

Vale ainda relembrar outro aspecto abordado por Tufte, o qual chamei de visão lateral/simultânea. Ou seja, a associação de várias informações organizadas em um único slide impresso impacta positivamente a qualidade do processo decisório. Vou dar um exemplo bem simples para ilustrar esse ponto:

Se você vê um indicador dizendo que no período de 12 meses aumentou o investimento em capacitação (treinamento), tudo que você conclui é que aumentaram os esforços neste campo.

Mas se ao lado aparecer outro indicador dizendo que a produtividade de sua empresa não evoluiu, o quadro muda. Sua decisão muda, pois a) ou os cursos de capacitação estão inapropriados, ou b) pode estar ocorrendo uma causa independente para a perda de produtividade que mereça uma análise mais profunda.

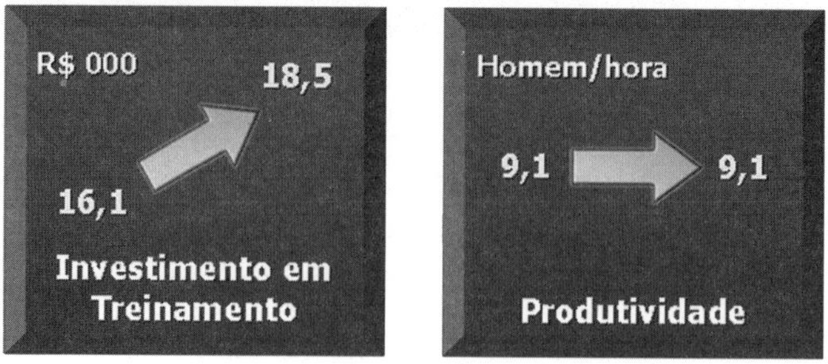

Todavia, se você observar simultaneamente que já está melhor que os parâmetros ideais praticados no mercado (*benchmarks*), sua decisão certamente mudará. Veja como fica se acrescentarmos o slide com essa informação:

Resumindo, mais importante do que perder um tempo precioso olhando planilhas com mais de 90 informações cada uma, é chegar em questão de pouquíssimos minutos a discussões de qualidade capazes de gerar ações vitais à performance da empresa.

CAPÍTULO II

Relembrando pontos importantes

1. O *briefing* inicial é a peça-chave do processo; portanto, não se dedique a ele, comprometa-se.
2. Seu conhecimento é a matéria-prima básica da exposição. Perscrutá-lo e processá-lo demanda obrigatória e indispensável reflexão. Reflexão demanda concentração; portanto, desplugue-se, esqueça do *multitasking* e evite interrupções.
3. A evolução é por camadas: pensamentos não surgem estruturados. Devem, portanto, ser organizados, e isso acontece por camadas. Rever de forma mais organizada o que já está em nossa cabeça aumenta a qualidade do conteúdo.
   a) Comece com anotações ligeiras em papel. Estabeleça os fatores-chave de retenção, os quais chamei em capítulo anterior de "ilhas de conhecimento". Quando for um trabalho desenvolvido em grupo, lembre-se de que são as perguntas certas que estimulam pensamentos de qualidade e não tenha medo de repetir várias vezes a frase "não entendi".
   b) Escreva o "processo de raciocínio" em uma página – no máximo duas – de Word e reveja algumas vezes. Insira referenciais. O trabalhador de elite da Era do Conhecimento sabe valorizar referenciais (desde que partam de fontes confiáveis). Se for em grupo, peça que todos façam individual-

mente uma revisão em outra cor, eliminando blocos, inserindo blocos omitidos e fazendo ajustes nas partes que concordem que devam permanecer. Consolide em um único texto.

c) "Prove o que está falando", ou seja, busque de forma seletiva dados e informações que sustentem cada ponto importante, e faça o alinhamento entre eles e o conteúdo. Muitas vezes dados e informações não sustentam as afirmações. Nesse caso, os dados estão errados e devem ser corrigidos, ou estão certos e as afirmações terão de ser revistas.

d) Organize o conteúdo em grandes blocos e determine a seqüência lógica da exposição. Trabalhe sob a perspectiva da audiência. Quem vai ouvir o que você diz, quer saber onde você chegou e por que, de forma sustentada. Supere o desejo de expor seus esforços de desenvolvimento.

4. Estabeleça a abordagem. Lembre-se: o conteúdo não muda, o que muda é a maneira de comunicar conforme o perfil do público a ser atingido.
5. A expressão visual do trabalho no PowerPoint é a *última* etapa e aquela que poderá ajudar muito a absorção por parte da audiência. Mas, para mim, nesse estágio o processo de comunicação já deve ter sustentação total. Já há um "design de conversação" que permite conduzir o encontro em um sofá ou mesa de reunião, sem projetor e PowerPoint.
6. Ensaie, ensaie, ensaie. Cito aqui Michael Fors, gerente de treinamento da Intel University: "Se você falha em preparar-se, está se preparando para falhar".

Para finalizar:

- Quanto mais simples e curta a apresentação, melhor.
- A abertura e a finalização são os grandes momentos de sua apresentação; dedique-se com mais afinco a eles.
- Faça uma versão em um slide sempre que possível.
- Sua meta maior é que a audiência diga ao final: "faz sentido".

CAPÍTULO 12

Desperdício de tempo e conhecimento

Outro tema importante relacionado às apresentações é chamado de Digital Asset Management (DAM), que em bom português significa "Gestão de Arquivos Digitais", e que tem a ver diretamente com desperdício de conhecimento.

Há alguns anos, vivenciei uma situação que ilustra bem esse assunto. Um diretor de uma empresa cliente minha, envolvida em muitas áreas de negócio, foi promovido para a área comercial da companhia. Pouco tempo depois de assumir a posição, ele encomendou uma apresentação que explicasse as atividades de uma das divisões. Menos de 24 horas depois eu entregava a ele um trabalho completo sobre o tema e com um detalhe: sem ter feito qualquer *briefing*. Ante a reação de surpresa dele, respondi: "A apresentação que você encomendou já existia. Foi só reunir o material feito para outro diretor que, semanas antes, participara de uma licitação no exterior e exigia farto material dos participantes, com o de outro diretor que havia apresentado material similar em uma convenção na África."

Certamente ele ficou estupefato, perplexo mesmo, pois, de certa forma, eu, como prestador de serviço, estava mais organizado que ele próprio, meu contratante. Mas confesso, não é que eu tivesse um processo para isso, simplesmente me lembrava de cor dos dois trabalhos realizados.

Esse desperdício é uma realidade no mercado corporativo, pois perde-se um tempo imenso e precioso refazendo coisas que já estão prontas. Quando o negócio da empresa é Comunicação (televisão, imprensa ou propaganda), há enormes investimentos e esforços de gestão nessa área por questões óbvias, pois se os projetos não funcionarem a empresa vai para o vinagre! Mas em se tratando de apresentações que tratam de assuntos fora do business das empresas, poucos dão a devida atenção a esse problema de desperdício.

Algumas companhias, contudo, mais preocupadas com a questão, oferecem software de administração de apresentações e seus slides, mas confesso que nenhuma solução me convenceu até hoje. Primeiro porque os sistemas de busca são pouco eficientes. E, principalmente, porque seu funcionamento depende de atitude de todos os envolvidos com apresentações na empresa. Afinal, nenhuma apresentação traz em si uma solução definitiva e maravilhosa de conteúdo e expressão visual. Os temas são atualizados e principalmente adaptados conforme a necessidade dos diversos usuários. E a adaptação brilhante feita por um, pode ser uma solução péssima para outro companheiro de trabalho. Qual deve ficar no arquivo como a melhor ou última versão? Bons ou péssimos resultados deveriam estar documentados para tornar os usos efetivos e, aí, caímos na armadilha da atitude. Ainda não descobri quem faça isso bem, uma vez que tudo que vejo são buscas exclusivamente baseadas em memória, e não processos.

Sei que não estou apontando uma solução definitiva, mas ao menos sei que estou reforçando a conscientização para a importância do tema e, nesse sentido, nada melhor que colocar o que pensa a respeito um grande cliente meu: "O DAM é importantíssimo. Na nossa empresa estamos até criando a 'Sala do Conhecimento', um repositório de todo o conhecimento que acumulamos ao longo dos anos e que se perde tão logo algum executivo se transfere para a concorrência. Não tenho dados, mas imagino que alguns milhões de dólares são gastos pelas empresas em busca de conhecimento que em algum momento elas já adquiriram porque alguém fez a mesma pergunta 3 anos antes...".

CAPÍTULO 13

Uma visão de futuro

A grande vantagem de exercitar-se uma visão de futuro é que não há comprometimento. Visão, segundo o dicionário *Houaiss da Língua Portuguesa*, pode ter o sentido também de "interpretação" ou "ponto de vista". Por isso, vou compartilhar a minha sem grandes preocupações em errar ou acertar.

E inicio chamando atenção para o fato de que não adianta torcer para que o volume excessivo de informações com que estamos lidando diminua, tampouco vale a pena sonhar que nos dêem mais tempo para realizarmos nossas funções. Não tenho dúvidas de que esses fatores só irão piorar, e muito. Eis um bom exemplo: no momento em que estou fechando este capítulo, um ano após iniciar o livro, recebi uma estatística atualizada da geração de informação produzida pelo International Data Corporation (IDC). No começo deste livro, chamei a atenção para o fato de ter sido gerado, apenas em 2002, o mesmo volume de informação produzido em 25 mil anos de humanidade (cinco exabytes). Pois bem, esse relatório do IDC diz que em 2006, apenas quatro anos depois, aumentamos em mais de trinta vezes o número de 2002 (161 exabytes). E, pior, a previsão para 2010 é de mil exabytes. Façam as contas...

O desafio, portanto, é como responder a essas mudanças. Como diz Darwin, o autor da Teoria da Evolução das Espécies, os que sobrevivem não são os maiores, mais fortes ou inteligentes, mas, sim, aqueles que respondem mais ágil e acertadamente às mudanças. Isso vale também para o ambiente corporativo. O que levará as pessoas e organizações a uma maior eficiência e lucro? Iniciativas e processos de viabilização, nascidos de um contexto baseado em interrupções contínuas, atenção parcialmente dedicada aos temas em curso e multitarefas? Ou aquelas oriundas de processos profundos de reflexão?

Eu adoraria estar certo na minha opinião, acima de tudo porque ela é mais humana. Acho que aqueles que adotarem uma *atitude mais reflexiva* em seus procedimentos serão os mais preparados para estabelecer vantagens competitivas. Em outras palavras, quando surgirem melhores produtos e serviços a partir de empresas que valorizem reflexão, deixando para trás aquelas baseadas em plataformas de reação, as coisas começarão a mudar.

É claro que os profissionais mais jovens, os chamados nativos da era digital, estarão mais aptos a desenvolver multitarefas em ambientes cheios de interrupções, mas minha experiência mostra que sempre haverá um grau de superficialidade associada a essas condições.

Anos atrás, meu filho, então com 16 anos, estava navegando na Web, ouvindo música MP3, falando ao celular, assistindo televisão e se comunicando com diversos amigos no Messenger. Quando ele saiu por alguns instantes da sala, só para testar, respondi como se fosse ele a todas as mensagens que entravam com a única palavra "Blz" ("beleza" no linguajar jovem), e me comuniquei com os amigos do meu filho sem nenhum problema por um belo tempo! Ganhei uma tremenda bronca, mas fui um sucesso indiscutível nessa comunicação típica do adolescente.

Mais recentemente passei por uma experiência que vale a pena contar. Assim que iniciei um workshop, observei que 100% dos participantes estavam plugados no *wireless* e com os celulares ligados. Durante a manhã, o aproveitamento do curso foi baixíssimo, pois todos tentavam fazer as três coisas ao mesmo tempo, o que acarretou, obviamente, um desempenho deles apenas mediano em tudo.

Confesso que o comportamento deles me soava como falta de respeito. Mas o senso de profissionalismo prevaleceu, e de propósito, utilizei o momento do almoço em grupo para provocar uma discussão sobre o que havia se passado pela manhã. E tive de me esforçar para compreender a situação do ponto de vista deles. Eles argumentaram que, se não fossem dando conta dos inúmeros e-mails e telefonemas, simplesmente teriam de trabalhar durante a madrugada, caso contrário, jamais recuperariam o atraso. Porém, todos reconheceram que a absorção do conteúdo do que eu tentava transmitir, até então, tinha sido prejudicada.

Frente a tanta sinceridade, tive de propor um acordo, e me comprometi a dar uma pausa de 15 minutos a cada hora para eles darem conta de seus e-mails e telefonemas livremente. Em contrapartida, os outros 45 minutos seriam 100% desplugados e de *total concentração* no conteúdo do curso. Eles toparam e o resultado foi um grande ganho de qualidade, tanto no workshop como naquelas tarefas exigidas pelos e-mails e telefonemas, ainda que tivesse sobrado menos tempo para os exercícios de cada tarefa proposta pelo workshop. Fiquei satisfeito, eles também, e a empresa teve um retorno muito melhor sobre o investimento que estava fazendo nesse treinamento. Essa experiência foi tão boa, que resolvi adotar esse procedimento para todo e qualquer workshop com participantes plugados.

Meu segundo ponto está relacionado à questão de *escolhas*. O excesso de informações e o aumento da capacidade em processá-las resultarão em multiplicidade de ofertas sobre todos e tudo que nos envolve. Mas o que é efetivamente necessário de tudo isso para nós?

> ***Tecnologia e pessoas terão responsabilidade igual tanto para criar novas capacidades como para eliminar o desnecessário.***
>
> BILL JENSEN

Os softwares e hardwares, por exemplo, são totalmente subutilizados pelos usuários em relação à sua capacidade total. Como escolher bem algo sobre o qual não detemos o conhecimento do todo? Muitas vezes a vantagem competitiva do que buscamos pode estar exatamente na parcela desconhecida.

Os sistemas expansivos – como num hyperlink, só aumentam alternativas – serão superados em percepção de valor por aqueles que estabelecerem padrões qualificados de escolha. Isso significa que, em vez de nos inundarem com ofertas, terão de entender os padrões de nossos processos decisórios e, seletivamente, nos levarem rapidamente aonde queremos chegar.

Para o ser humano, a situação é semelhante. Nada superará os padrões de escolha sugeridos a partir do discernimento de pessoas com ampla bagagem de experiência e conhecimento. Isso significa que palestras e livros serão cada vez mais valorizados. Em um de seus últimos artigos para o jornal *O Estado de S. Paulo*, o professor Miguel Reale já dizia: "A deficiência da Internet é ser uma infinidade de respostas que pressupõe que alguém tenha tido uma idéia. Ela por si só não *seleciona* as perguntas dadas. O mal da Internet está, insisto, na falta de seleção do que informa. A diferença entre a Internet e o livro, assim, consiste em que naquela não há seleção, ao passo que o outro é de per si uma seleção, com perguntas pressupostas."

Não posso deixar de citar aqui as iniciativas batizadas de Web 3.0 que pretendem mudar essa limitação da Web. Veja o que diz a revista *Época Negócios* em sua edição de março de 2007: "A Internet funciona hoje, apesar de todos os seus avanços, como um imenso catálogo, que obriga as pessoas a fazer um certo esforço para extrair sentido de seus documentos. Já a Web 3.0, sonham os pesquisadores, será capaz de tirar conclusões dessa imensidão de páginas e dar respostas objetivas às mais variadas perguntas".

Enquanto isso não ocorre, se é que vai acontecer, vamos depender cada vez mais do conhecimento de terceiros para enriquecer o processo das nossas escolhas. E aqui surge o grande problema de todo este contexto: Quem devem ser esses terceiros? Qual a credibilidade das fontes que devemos consultar?

Só poderemos aceitar padrões de *escolha e seletividade* a partir de fontes confiáveis, e aí me desculpem, mas a Web não é competitiva. Algoritmos e quantidade de cliques jamais estabelecerão padrões confiáveis para estabelecer credibilidade. Ela jamais será uma fonte de credibilidade nesse sentido, permanecendo como uma mera replicadora da credibilidade conquistada no mundo externo a ela. Simplificando, qual seria sua decisão para encontrar uma boa pesquisa sobre Napoleão Bonaparte: o Google dizendo que tais e tais sites receberam mais cliques ou o site da Universidade de Cambridge?

Quem são as pessoas que estão dando opiniões sobre produtos e serviços? O nome é verdadeiro? Não teriam sido contratadas em massa para provocar uma formação de opinião? (já existe até uma terminologia nova chamada *crowdhacker*, que em português seria "pirata de multidões"). Com certeza, jamais teremos essas respostas pela WEB. Mas certamente sabemos quem é um professor de Harvard, um escritor famoso ou mesmo uma empresa como a GM, ou uma sólida instituição, como o Louvre, por exemplo.

As melhores práticas (*benchmarks*) terão igualmente um valor crescente, pois ajudam a determinar com clareza a meta a perseguir e, acima de tudo, propiciam mensurabilidade. Vivenciei uma experiência marcante nesse sentido. Um de meus clientes pagou (caro) para ter acesso a todos os *benchmarks* mundiais de sua atividade na área operacional. Em seguida, sua equipe comparou os padrões internos da empresa com os dados recebidos, podendo determinar com exatidão os benefícios potenciais. A partir daí, puderam calcular o valor que o projeto conseguiria gerar para os acionistas, e o ponto-chave passou a ser a confiança na capacidade de gestão da empresa para atingir os novos padrões.

Outra questão que terá de ser profundamente revisada no ambiente corporativo é *dedicação versus comprometimento*. Como poderemos pagar por hora um valor idêntico por um consultor ou advogado se, distantes de nós, embora com capacidades idênticas, eles se dedicam ao trabalho de forma distinta? Imagine que um atua com todas as suas energias voltadas para o tema contratado, enquanto outro se divide em multitarefas ou se perde em dezenas de interrupções que demandam amplos espaços de tempo para remetê-lo de volta, e com a devida profundidade, ao tema contratado.

Em um encontro pessoal, frente a frente, não há maiores problemas em mensurar esse aspecto, mas, à distância, a situação se complica. Portanto, acho que vamos ter de valorizar cada vez mais a remuneração baseada em resultados, que elimina esse tipo de problema.

Há uma febre corporativa hiper-valorizando *processos*, principalmente em produtos e serviços vinculados à grande escala. Por onde ando esta palavra está presente, e a ouço muitas vezes por dia. Mas processos funcionam bem sobre o *previsível*, sobre o que anda nos trilhos. Na exceção, são um desastre, ineficientes, destruidores de metas ambiciosas.

Já situações únicas exigem *discernimento*, que está na mente humana e não em processos e tampouco em hardwares, e minha impressão é a de que as exceções são parcela muito maior do que se imagina.

Cada vez vivencio com maior freqüência ineficiência em tudo o que me cerca. A empresa que sempre me entregou livros em 24 horas, por exemplo, na última remessa demorou 3 semanas, quando ocorreu um simples erro de CEP. Não consigo cancelar um bilhete aéreo substituído por outro que me custou 50% mais barato no mesmo trecho e na mesma companhia aérea. A seguradora não conseguiu em quatro semanas consertar meu carro; um serviço que poderia ser feito na oficina da esquina em uma semana. Há mais de um ano, toda vez que tento comprar um filme pela minha TV a cabo, surge uma mensagem dizendo que tenho um problema de crédito, quando tenho certeza de estar com todas as contas quitadas. Eu poderia dar aqui milhares de exemplos, onde "scripts" simplesmente não resolvem. O ponto-chave é que não tenho tempo e paciência para resolver essas pendências. Tenho a sensação de que a possível solução seria ligar sempre direto para o *ombudsman* (ou para nós, "ouvidoria"), onde a pessoa que vai me atender não está tão blindada pelos tais processos.

Aqueles que atuarem sobre plataformas complementares que não se apóiam exclusivamente em "scripts", tendo por trás, em todos os escalões, pessoas com *discernimento e autonomia*, farão a diferença. A conjugação simultânea dos dois é condição indispensável nesse contexto.

Por último, os tomadores de decisões que orientarem seus subordinados com clareza quanto ao que desejam e mostrarem o caminho correto de como chegar lá, levarão suas empresas a ganhos substanciais de produtividade e tempo, porque eliminarão retrabalhos.

A essência desse movimento é eliminar o processo de especulação. Quando falta *clareza e direcionamento na liderança*, as pessoas dos níveis hierárquicos inferiores especulam, pensam no que o chefe acha ou quer, e assim erram muitas vezes. Isso simplesmente não pode acontecer.

Tenho um exemplo bastante ilustrativo dessa questão. Normalmente começo meus trabalhos com o tomador de decisão. Entretanto, certa vez, para um cliente, trabalhei semanas com uma equipe intermediária de oito pessoas; apresentamos o resultado ao primeiro diretor envolvido, e fizemos as alterações pedidas por ele. Uma semana depois, veio um segundo diretor, e lá se foi mais algum tempo para novos ajustes. Finalmente, sentamos com o vice-presidente e, com os acréscimos sugeridos por ele, fechamos o trabalho em mais alguns dias. Fica claro perceber que, se eu tivesse iniciado o trabalho em um encontro de poucos minutos já com o vice-presidente, o projeto teria sido feito com algumas semanas a menos.

Esse desperdício de tempo e energia ocorre com uma freqüência espantosa, e eu poderia contar aqui muitos e muitos casos nesse contexto. No entanto, tudo fica bastante claro quando se sabe que tomadores de decisão estão onde estão porque têm mais experiência e preparo para exercer suas funções. Portanto, é fundamental que usem esses atributos no direcionamento de suas equipes para o número máximo de assuntos. Essa atitude será um importante diferencial competitivo de gestão.

CAPÍTULO 14

Um livro em duas páginas

Desde que comecei a planejar este livro, nunca tive dúvida de que a forma coerente de terminá-lo seria resumi-lo no final. Como contei anteriormente, não consigo criar as coisas de forma sucinta, mas sem dúvida é sempre possível terminar assim. E, para quem leu o livro, fica fácil compreender isso. Afinal, o que significa o título *Obrigado pela informação que você NÃO me deu!* sob o ponto de vista da audiência? A resposta sucinta seria algo mais ou menos assim:

Estou vivendo em um mundo em mudança, onde o excesso de informação e a escassez de tempo me levam a um estado de saturação, deixando-me impaciente e pouco atento. Esse contexto também me faz tomar um número excessivo de decisões. Diante disso, não posso modificar meu DNA, mas preciso mudar e esperar que as pessoas ao meu redor ajam de forma similar.

Se você atender minha expectativa, não terei somente um, mas vários obrigados a dizer. Obrigado...

- Por não ter exposto sua dedicação e domínio do tema no desenvolvimento da mensagem transmitida para mim.
- Por não ter usado o PowerPoint para encobrir uma lição de casa não feita, lendo textos para mim.

- Por não ter exposto suas precauções e, ao mesmo tempo, estar pronto a usá-las à medida que se tornarem necessárias ao encontro.
- Por ter-me valorizado, abrindo um espaço de tempo em sua agenda para refletir profundamente sobre a criação da mensagem que me passou.
- Por ter sido conclusivo desde o início, focado em resultados, solidamente sustentados em termos de lógica, dados e informações.
- Por ter feito tudo isso o mais rapidamente possível, acreditando que, sob certas circunstâncias, menos é efetivamente mais.

Se você encontrar um amigo que tenha curiosidade sobre este livro e sem a devida paciência para lê-lo, pegue estas duas páginas, e não leia para ele, interprete-a! Eu garanto o sucesso da iniciativa!

Bibliografia

CHARAM, Ram. *Know-how*. Rio de Janeiro: Campus/Elsevier, 2007.

FUGERE, Brian, HARDAWAY, Chelsea e WARSHAWSKY, Jon. *Por que as pessoas de negócios falam como idiotas*. Rio de Janeiro: Best Seller, 2005.

FRIEDMAN, Thomas L. *O mundo é plano*. Rio de Janeiro: Objetiva, 2005.

GLADWELL, Malcolm. *Blink – A decisão num piscar de olhos*. Rio de Janeiro: Rocco, 2005.

GLEICK, James. *Caos*. Rio de Janeiro: Campus/Elsevier, 1989.

HONORÉ, Carl. *Devagar*. Rio de Janeiro: Record, 2005.

JENSEN, Bill. *Simplicidade*. Rio de Janeiro: Campus/Elsevier, 2004.

KELLY, Eugene O. *Claro como o dia*. Rio de Janeiro: Nova Fronteira, 2006.

RICKS, Thomas E. *Fiasco: The American Military Adventure in Iraq*. Londres: Allen Lane, 2006.

Sistema CTcP,
impressão e acabamento
executados no parque gráfico da
Editora Santuário
www.editorasantuario.com.br - Aparecida-SP